陆小曼传

半生绚烂，半生素衣

蔡静◎著

台海出版社

图书在版编目（CIP）数据

陆小曼传：半生绚烂，半生素衣 / 蔡静著．
北京：台海出版社，2024.9． -- ISBN 978-7-5168-3948-5

Ⅰ．K825.6

中国国家版本馆 CIP 数据核字第 20249UD434 号

陆小曼传：半生绚烂，半生素衣

著　　者：蔡　静
责任编辑：陈国香
封面设计：颜森设计

出版发行：台海出版社
地　　址：北京市东城区景山东街20号　邮政编码：100009
电　　话：010-64041652（发行，邮购）
传　　真：010-84045799（总编室）
网　　址：www.taimeng.org.cn/thcbs/default.htm
E - m a i l：thcbs@126.com

经　　销：全国各地新华书店
印　　刷：三河市嵩川印刷有限公司
本书如有破损、缺页、装订错误，请与本社联系调换

开　　本：880毫米×1230毫米　　1/32
字　　数：110千字　　　　　　　印　张：5.375
版　　次：2024年9月第1版　　　印　次：2024年9月第1次印刷
书　　号：ISBN 978-7-5168-3948-5
定　　价：39.80元

版权所有　翻印必究

序言
Foreword

在民国的名媛群体中,大都有着显赫的家世背景,各位名媛也有着沉鱼落雁、闭月羞花的倾国之姿。在那样一个特殊的时代之下,演绎着一场场惊世绝恋,成为后人所津津乐道的谈资;然而,我们也可以从中感受到她们绝世容颜背后所蕴藏的哀伤和落寂之情。她们是遗落在这个尘世上的孤星,随着一声轻轻的叹息,尘归尘,土归土,星落长河,在凡世中匆匆而过,空留雨中丁香。

在这株株丁香中,有一株格外娇艳、与众不同。她不拘世俗,随性而活,沉浸在儿女情长的世界里。在这个世界里,有太多的柔情,有太多的恩爱缠绵,也有数不清的惆怅与寂寞。只是,在滚滚红尘中,她始终能够遵从自己的内心而独立于世。她,便是民国四大才女之一——陆小曼。

1903年,陆小曼出生于上海,15岁时,就读北京圣心学堂,是当之无愧"校花"级的存在;18岁时,北洋政府外交总长顾维钧聘用她担任兼职外交部的翻译,就此名动京城;21岁时,在人生最为美好的季节里,她和徐志摩相识相知相恋,尽管已是人妇,她还是义无反顾如"飞蛾扑火"般地投入到这场轰轰烈烈的爱情

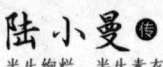

之中,直到徐志摩飞机失事,留下她一个人在这个充满流言蜚语的世界里独自苟活,顽强地和命运抗争着。

出身于名门的陆小曼,生性高傲的她,为了爱情可以奋不顾身,可以粉身碎骨,也可以卑微到尘埃里。她只愿她的付出,能换来一树花开,能给她一世的安稳。

只是,在爱情的浓密甘甜之后,繁华落尽,却是美人迟暮的无尽凄凉。在丈夫、爱人、挚友三个男人的情感纠葛之下,她炽热的内心,又被伤了多少次,辜负了多少次呢?

徐志摩为了她,曾忍受了多少的冷眼和热讽;而徐志摩的死,又让她承受了多少的指责和不公;和翁瑞午平静相守的日子里,她又要忍受多少的非议和漫骂;前半生让爱情之花美丽盛放的她,后半生悄然枯萎老去,最终洗尽一世铅华,素衣半生。

这就是陆小曼,她是作家,是画家,擅长戏剧,深谙昆曲。她出身高贵不凡,却又毫无大小姐的矫揉造作;她性情鲜明,待人以真,坦诚从容地行走在这人世之上,只为了追求那爱情的自由,体味生命奔放的热烈。

在民国才女辈出的年代里,陆小曼或许不是最美的一个,然而她与众不同的气质和修养,惊艳了那个时代。

目录 Contents

第一章 出身名门：父母眼中的"宠儿"
陆家福运"小观音"……………………002
"沧海明珠"初长成……………………006
"才情女神"和"外交明星"…………008
"南唐北陆"之北方佳人陆小曼………012

第二章 勇敢逐爱：问世间情为何物
不懂爱情的日子里嫁给了婚姻…………016
暗自垂泪：这不是她想要的爱情………020
恨不相逢未嫁时，相遇徐志摩…………024
情定终生：品尝爱情的甜蜜……………030
诗人远行：只为异日再重逢……………035
两地分离，为爱相思成灰………………041
冲破藩篱，皆因爱情的魔力……………050

第三章 有情人终成眷属，只是被现实所累
新婚燕尔，却非公婆心中好儿媳………058
再入围城，现实困境令诗人心冷………062
诗人负气出国，成最后绝唱……………066
"轻轻的我走了"：志摩殒命长空………071
斯人已逝，此情空留余恨………………076
编书缅怀：为亡夫出版文集……………080

第四章 爱人和友人：日久见人心
前夫王赓和友人胡适…………………………………… 086
令才女心生醋意的俞珊和挚友赵清阁……… 090
张幼仪与林徽因………………………………………… 095

第五章 繁华过往：行走在爱与痛的边缘
纸醉金迷的生活：繁华背后的困境与挣扎 … 102
没有爱情，只有感情…………………………………… 108
不离不弃，相伴余生…………………………………… 115

第六章 一代才女：多才多艺自芳华
拜师学画，激发绘画天赋…………………………… 120
潜心文学，诗情才赋显端倪………………………… 125
长袖善舞，昆曲舞台自芳华………………………… 129
和诗人合作创作《卞昆冈》………………………… 135
泰戈尔来访，认作儿媳……………………………… 138

第七章 细说陆小曼：浮华背后的真实
婉拒好莱坞之邀，只为与君相伴………………… 146
性情中人，她是绝世而立的空谷幽兰………… 150

第八章 落花飘零：陆小曼的后半生
褪去铅华，晚年回归平淡从容…………………… 154
花开惊艳，花落无言………………………………… 159

第一章 出身名门：父母眼中的『宠儿』

陆小曼的出生，给居住在上海孔家弄的陆家带来了无尽的喜悦。幼时聪慧伶俐的她，很快出落成一个亭亭玉立的江南美女。她出众的才气，也使得她成为上海滩上流社会人士眼中"明星"般的存在。

陆家福运"小观音"

1903年农历九月十九日,时值仲秋,秋高气爽,令人心旷神怡。这一天早上,明媚的阳光洒落在上海孔家弄一处豪门大宅的门楣上。院子里,三五成群的人们穿梭忙碌着,从他们脸上焦急的神情上看,将有重要的事情发生。

果然,随着一声嘹亮的婴儿啼哭声传来,佣人们原本紧张的神情松弛了下来,取而代之的是欢欣鼓舞、喜上眉梢的表情,他们兴奋地传递着期盼已久的消息:夫人生了,是个漂亮的女婴,这一天,可是观世音菩萨出家成道的日子,这个孩子日后看来不简单。

大家口中的女婴,便是刚刚降临到人世间的陆小曼,浑名"小观音",乳名"小眉",孔家弄陆定夫妇的掌上明珠。陆夫人不顾产后身体的虚弱,满脸幸福地抱起女婴,审视着怀抱中这眉清目秀、肌白肤嫩的"小观音"。为迎接这个新生命的到来,他们夫妇两个不知憧憬了多久,期盼了多久,如今终于"瓜熟蒂落",这种欣喜和满足,自然是常人所难以体会的。

甜甜酣睡的陆小曼,自然不知道她出生在了一户名门望族之家，这在动荡不安的民国，和大多数同龄人相比，她是如此的幸运。她也不知道的是，在她出生的三年前，张幼仪出生，一年后，林徽因也来到这个人世间，日后三位女人的命运，都因一个名叫徐志摩的男人产生爱恨纠葛。

陆氏一族，在中国近现代史上，声名显赫。从保存完整的《樟村陆氏宗谱》中的记载中可以看出，陆小曼的祖上千百年来，一直是书香传承，名士辈出，是当地的名门望族。从汉王朝开国功臣陆贾到唐朝著名宰相陆贽，从宋代大诗人陆游到南宋末的爱国名臣陆秀夫，无一不是名动当世的才俊之士。

陆家世代居住在常州樟村，只是到了清末同治时期，他们才举家迁居到上海。

陆小曼的父亲，原名陆子福，晚清举人出身，自幼聪明俊秀，家人对他寄予厚望，希望他的人生能平稳安定，因此后改名陆定。虽然是旧社会的知识分子，但在时代浪潮的冲击和洗礼下，陆定并未因循守旧，他积极接受新文明的熏陶，在家人的支持下，曾东渡日本求学，就读于早稻田大学。学校中成绩优异的他，受到了当时日本名相伊藤博文的青睐和赏识。

在日本留学期间和回国前后，陆定还积极参加了孙中山先生的同盟会，为此他曾遭受袁世凯的通缉。后加入国民党，任职财政部，担任赋税司长等重要职位。在财政部工作二十余年后，他投身金融界，参与创办了中华储蓄银行。横跨政、经两界的他，实力雄厚，地位崇高，也是当时上海滩大名鼎鼎的风云人物。

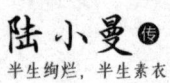

陆定的夫人吴曼华,小名梅寿,在和陆定珠联璧合之前,是一位远近闻名的大才女。她出生于富有诗情画意的江南,是常州著名的白马三司徒中丞第吴耔禾先生的长女,诗词书画无一不精。她和陆定一见倾心,成为陆定的第二任妻子。

婚后的吴曼华,与丈夫恩爱有加,相敬如宾,无论在生活上还是事业上,她都是丈夫陆定的贤内助。气质优雅、才思敏捷、知书达理、处事精明的她,也将这一优良基因遗传给了陆小曼。

出身于名门世家的陆小曼,童年的生活自然是幸福的。富裕的家庭条件,而且同样都为知识分子的父母思想开明,让陆小曼接受了那个时代最好的教育。尤其是陆家代代相传的良好家风,更是在潜移默化中深深地影响着陆小曼。如出水芙蓉一般悄然成长的她,集才情和容貌于一身,灵秀莹润,内涵优雅,芳华绝代。

难能可贵的是,中年得女的陆定夫妇,虽然百般宠爱陆小曼,但他们的这个掌上明珠,并未养成娇弱的大小姐习气,反而给人一种气度非凡的感觉,处世冷静从容,镇定自若,聪明机灵。

陆小曼六岁那年,父亲陆定前往北平任职,全家举迁来此。陆小曼也顺利进入京师女子师范学堂附属小学就读,开启了她的学业生涯。

陆小曼九岁那年,身为国民党党员的陆定,受"二次革命"的牵连,被以袁世凯为首的北洋军阀给盯上了。当时的陆小曼,虽然年龄小,可是外面的风风雨雨,她也略知一二。一天早上,陆定准备去上班的时候,陆小曼突然提醒父亲说:"爸爸,你每天将工作证件带在身上,实在是太危险了,今天能不能不要这样做呢?"

陆定想了想,出于顺从女儿的念头,便将证件留在了家里。哪知事情就那么凑巧,陆定刚来到工作岗位,就被几名特工传唤到了警察厅,他们在他身上搜索了一番,自然一无所获。

特工心有不甘地来到了陆定的家里,当他们看到陆小曼时,想着可以从小孩子的嘴里能够套出有用的信息,就假意哄骗她说:"你爸爸将证件忘在了家里,让我们帮忙取一下,你知道放在什么地方了吗?"

陆小曼回答说:"什么证件啊,我爸爸从来没有过,我也从未见到过。"

对方又问:"那你爸爸的私人来往信件在哪里呢?"

陆小曼镇定地回答:"刚才你们不是全部翻找了一遍吗?都在他的办公桌上。"

沉着应对的陆小曼,成功地帮助父亲脱离险境,被抓后不久就保释出去,幸运地躲过了一劫。这件事情发生以后,陆定对他的这个宝贝女儿更加看重了,认为陆小曼就是能够给他们陆家带来福运的"小观音"。

小小年纪的陆小曼,其身上这种同龄孩子很难具有的从容镇定,也令知道内情的人刮目相看。

"沧海明珠"初长成

陆小曼深受陆定夫妇的宠爱，不仅在于她的乖巧聪慧，冰雪聪明；还因为她是陆定夫妇千辛万苦求来的"明珠"。

陆小曼出生之前，她的父母前后一共生育了八个子女，不幸的是，前八个子女都因各种原因夭折了。所以到了陆小曼这里，陆定夫妇心灵虔诚，做了很多善事，这次终于得偿所愿，有了这样一个机敏伶俐的宝贝女儿，他们将她视作"心头肉"。所以当人们翻开民国九年版的《樟村陆氏宗谱》，上面赫然写有陆小曼的名字，也就不足为怪了。在宗法制度下，唯有男丁才可以进入宗谱中，陆小曼能够名列其上，足见陆定夫妇对这位女儿的重视。

在家庭教育上，陆定夫妇对陆小曼倾尽了心血。中国自古以来就有"穷养儿子富养女"的说法，对儿子要穷养，是为了让男儿经历波折和磨难，尔后化作一生的财富，才能取得"风雨之后见彩虹"的成功；对女儿要富养，从小就应力所能及地给她提供一个相对富足舒适的成长环境，唯有如此，见过了世面，提升了品位，她才不会被社会上形形色色的事物所迷惑。作为上流社会的精英，陆定夫妇自然也非常重视女儿的家庭教育。为了培养陆小曼，陆定夫妇不惜重金，为她延请了上海最好的老师来家里授课。在名师的精心栽培下，无论是在中国传统文化，还是在英文、法语的讲译方面，陆小曼样样皆通，诸如书法、国画、京戏、舞蹈等，都是手到擒来。

性情上，陆小曼深受母亲吴曼华的影响，吴曼华不仅通过言传身教，让女儿懂得遵从礼教的道理，同时还督促着她学习了上流社会一名女子所应具备的礼仪知识。换言之，陆小曼的年少成长，是按照严格的名媛标准来教育的。

生性活泼的陆小曼，也有疏懒学业的时候。有一次，她因为贪玩，没有完成父亲规定的学习课程，陆定得知情况后非常生气，将她捆绑起来，以示惩罚。性格要强的陆小曼，自然不会去哭泣求饶，不过自此之后，在学习上，她从未再让父母费过半点心思。

在陆定夫妇以及名师的悉心教育下，逐渐长大成人的陆小曼，会自我独立思考，有主见、有智慧，能抵御外界各种虚荣假象的诱惑，她身上那种清澈澄净的优雅气质，令很多男性为之着迷沉醉。

"才情女神"和"外交明星"

九岁到十四岁这一阶段,陆小曼在北平女一中就读,十五岁时,她又进入北京圣心学堂学习。这是一所由法国人创办的学堂,专以培养名门淑女为教育目标,开设有英语、法语、体育、钢琴等现代课程。

20世纪一二十年代,旧有的伦理道德体系受到了强大的冲击,在蓬勃发展的女权运动下,人们不再以"女子无才便是德"而自豪,反而引以为耻。尤其是那些接受了西方文明洗礼的开明人士,纷纷主动将女儿送入新式学堂,陆小曼就在父亲的安排下,进入了这所只有权贵阶层子女才有资格入学的学校。

在学校里,生性活泼的陆小曼,很快就熟悉了校园的环境。

当然,她也有羞涩胆怯的时候,第一次面对师生演讲时,陆小曼原本伶俐的口齿变得笨拙起来,结结巴巴,语不成句。不过她很快就适应了这种在公众面前演讲的方式,出口成章,引经据典,滔滔不绝。多才多艺又气质如兰的陆小曼,在岁月的打磨下,愈发光彩照人,一双明媚的眼睛如春水般流光溢彩,也吸引了很多男生围绕在她的身边。

学校里每次举办集体活动时，一大批男学生围绕在她的身边，大献殷勤。他们前呼后拥，处于中心位置的陆小曼，就像一位高傲的公主，享受着众星捧月的讨好与恭维。

在山水油画方面，尽管陆小曼还仅仅是妙龄少女的年纪，然而才情出众的她，笔下的画作却已达到了很高的水准。

一天，一位外国贵宾来学校参观，在画廊浏览时，一幅充满神韵、底蕴的画作牢牢吸引住了他的目光。显然，和其他画作相比，这幅山水画充分展示了中国传统绘画文化的卓越技巧，构思巧妙，立意非凡，在一众画作中，是如此的鹤立鸡群。

他激动地询问身边陪同人员："这是你们学校学生创作的作品吗？太令人不可思议了，我希望能够将这幅画作收藏，可以吗？"

在得到了肯定的答复后，外国贵宾的眼中露出了惊喜的神色，一再连声称谢。创作这幅画的作者就是陆小曼，事情传开后，陆小曼立时声名大噪，成为学校里面的风云人物。那些倾慕陆小曼才气的外国学生，也亲切地称呼她为"东方美人"。

冰雪聪明、兰心蕙质的陆小曼，是大家眼中当之无愧的"幸运女神"。在命运的安排下，她竟然被选中成为当时外交部的接待人员。

当时北洋政府的外交总长顾维钧，有着"民国第一外交家"的美誉，急需一名精通英、法双语，且才貌出众的女孩来外交

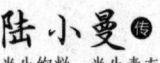

部从事接待外国使节的工作。顾维钧的要求不可谓不高,美貌的女子遍地都是,然而有才学、懂外语的女孩子却是凤毛麟角。在这一严苛标准的要求下,工作人员只好求助学生素养水准较高的圣心学堂。

圣心学堂在接到外交部的命令后,立时想到了陆小曼。从各方面看,陆小曼是最符合条件的一个,除她之外别无他人可以替代。当气质优雅的陆小曼站在顾维钧面前时,对方也是眼前一亮,这不正是他心目中最佳的人选吗?

对于女儿进入外交部工作,陆定夫妇也非常支持,在他们看来,这是一次锻炼女儿能力的大好机会。就这样,时年19岁的陆小曼,便以兼职的身份,成为外交部最为靓丽的外事接待人员。

陆小曼爱跳舞,在外交部的舞会上,她翩翩起舞的优美身姿,好似人间一个美丽的天使。日后陆小曼爱慕虚荣,享受被人追捧的感觉,或许和她的这一段经历有着密切的关系。

接待外国来宾时,无论是在舞会上,还是担任随行翻译,虽然从不追求时髦,但落落大方、绰约风姿的陆小曼,总是让人有一种如沐春风的舒适愉悦之感,也正如此,陆小曼的名字很快传遍了北平城上流社会的交际圈,芳名远播。

聪明机警的陆小曼,在外交部工作三年的时间里,始终将民族大义放在心头,对那些刻意出言不逊的外国人,她总是能够给予有理有节的反驳,她巧妙而又不亢不卑的语言,也常让对方哑口无言,满面羞愧。

有一次,一位外宾在观看昆曲表演时,大言不惭地指责说:"这样的戏剧,真让人不知所云,不知道为什么会被中国人喜欢?"

陆小曼听了后非常气愤,她不失礼貌地回敬道:"一个国家的精粹,很难在短时间内让一位不了解剧目精髓和历史的人接受,只有多了解中华文明的发展史,才会有切身的体会。"她的回答,令对方羞愧不已,也意识到刚才自己的言辞实在是太唐突了。

处理外事关系游刃有余的陆小曼,无论在任何场合,都能够以她出众的随机应变能力,最大限度地去维护国家和国人的尊严。她出色的表现,赢得了周围人的赞扬和尊重。

第一章 出身名门:父母眼中的「宠儿」

"南唐北陆"之北方佳人陆小曼

有着绝世面容,如芬芳盛开的鲜花一般的陆小曼,并非是人们想象中那般妖艳的交际花,甚而她连当时最为时髦的鬈发都没有烫,始终是齐耳短发。这种装扮,反而更加衬托出陆小曼那种清纯秀雅的气质,好似出水芙蓉一般令人倍感赏心悦目,凡是见过陆小曼的人士,都对她优雅的音容举止赞不绝口。

画家刘海粟在见到陆小曼后,按捺不住内心的激动,对身边人说:"从各个角度来看,只觉得她的风度姿态无一不合美的尺度,如作写生画,全是可取而难得的材料,惜乎没带画具,想来只有'衣薄临醒玉艳寒'七字略可形容一二了。"

文学大师胡适形容陆小曼是"一道不可不看的风景";郁达夫称赞陆小曼"是一位曾震动20世纪20年代中国文艺界的普罗米修斯";诗人徐志摩的赞美言辞更是充满了诗意:"她一双眼睛也在说话,眼光里漾起心泉的秘密。"

女作家赵清阁曾和中年的陆小曼交好,她评价说:"她毫未修饰,这说明了她的心境,但她依然是美丽的,宛如一朵幽兰,幽静而超然地藏匿在深谷中。"

多年之后,陆小曼的干女儿何灵琰也曾这样夸赞道:"她是一张瓜子脸,秀秀气气的五官中,以一双眼睛最美,并不大,但是笑起来弯弯的……她很少用化妆品,但她皮肤莹白,只稍稍扑一点粉,便觉光艳照人。衣服总以素色居多,只一双平底便鞋,一件毛背心,这便是名著一时、令多少人倾倒的陆小曼。她一举一动,一颦一笑,都别具风韵,说出话来又聪明又好听,到现在为止还没有再见到一个女人有干娘的风情才调。"

在当时世人的眼里,仪态万方、语气轻柔的陆小曼,就是再生的"四大美女"之一,而且比四大美女更出类拔萃的是,她的才气和灵气是前者所不可比拟的。

因此只要有陆小曼出席的宴会,她的一颦一笑、款款柔情,立时就会成为全场的焦点。而极有社交天赋的陆小曼,也慢慢形成了自我独特的社交风格,她如蝶变的金蝉一般,展翅飞天,振羽高鸣,接人待物驾轻就熟。尤其在外交部的几年接待锻炼,更锤炼了陆小曼与众不同的气质风韵,让她由此成长为一名真正的名门淑女。

对于陆小曼自身而言,她也逐渐喜欢上了这种社交生活。在交际场合,无论是觥筹交错的宴会,还是灯火辉煌的舞会,被那些彬彬有礼的年轻男士恭维和赞美,都让陆小曼乐享其中。这种轻舞飞扬的生活,也是陆小曼所最为喜欢的交际方式之一。笙歌曼妙的舞池中央,陆小曼不知疲倦地跳着一支又一支舞曲,

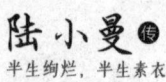

明艳温婉的她,成为众多男士争相邀请的最佳舞伴。

其实在陆小曼的天性里,就有爱玩的基因,从嫁给王赓开始,她都是这样一路玩过来的。后来和徐志摩的相识,也起源于一次交际场上的相遇。色彩斑斓的社交生活,已经让陆小曼习惯了,她喜欢听到别人的称赞,喜欢被人追捧时那种兴奋激动的心情。

优渥的家境、合适的机遇以及自身的天赋和才貌,使得陆小曼很快获得了"南唐北陆"的称号。"北陆",指的是陆小曼;而"南唐",所指对象便是名动上海滩的绝世佳人唐瑛。她们各据一方,成为当时上流社会社交圈中的风云人物,红极一时。

然而盛名之下的陆小曼,和其他置身于时代潮流的风云人物一样的是,有时候,他们很难能够掌控自己人生的未来走向。拥有绝世容颜的她,人人为之倾倒,任何女人在她面前,都会瞬间黯然失色,如此惊艳的她,自然成为上流社会每一个男人都想拥有的对象。

陆小曼渐渐发觉,她的家中不知从何时起,各色访客川流不息,来来往往的不是达官权贵,就是青年才俊,日日如过江之鲫,这种寒暄客气的应酬,让陆小曼疲惫不堪,后来她干脆找了一个借口,躲在自己的闺阁里读书练字,沉醉在自我的世界里,忘却了天地的存在。

第一章
勇敢逐爱：问世间情为何物

陆小曼的第一次婚姻，明面上强颜欢笑，背地里却暗自垂泪。不过很快，她迎来了另一场甘霖，或许，她义无反顾般的爱恋，只是为了偿还那前世欠下的情债。

不懂爱情的日子里嫁给了婚姻

"北方有佳人,绝世而独立。一顾倾人城,再顾倾人国。宁不知倾城与倾国,佳人难再得。"西汉乐官李延年的这首曲子,用在陆小曼的身上再恰当不过。

自古英雄醉红颜,陆小曼自然也称得上"红颜"二字。她蕙质兰心,颖悟绝人,多才多艺,艳压群芳,才情容貌早已冠绝京城。尤其是她的举手投足,自带桀骜不驯的风韵,如开屏的孔雀一样傲立尘世,行走止间,常让人心中最为柔软的部分被轻轻击中,不由得生出莫名的情愫。

"木秀于林,风必摧之。"才是少女年龄阶段的她,就拥有如此夺目的光环,这究竟是好事还是坏事呢?太过出众的陆小曼,自然成为那些权贵名流觊觎的对象,他们纷至沓来,送给她父亲陆定大量的礼物和各地珍奇的特产,以博取陆家的欢心。

庆幸的是,陆定面对众多的求亲对象,大都不屑一顾。在他的心目中,其实是非常鄙视那些所谓的"富家公子"的,他认为这些公子哥整日里仗着父辈的荫庇,游手好闲,无所事事,他们都不是自己宝贝女儿的如意郎君。在陆定夫妇苦苦地等候和寻觅中，青年才俊王赓走入了他们的视野。

王赓出生于1895年，虽然家境一般，但是在学习上勤奋刻苦，为重振家业，他努力向上，考入清华大学，后又被保送到美国留学，几番辗转后，最终于1915年获得普林斯顿大学文学学士学位。他再接再厉，进入美国西点军校读书学习，他的同班同学中，有后来名震敌胆的"二战"欧洲盟军统帅，美国第34届总统艾森豪威尔。

这样一位青年俊杰，在回国后，成为各方争相延揽的对象。一开始，王赓在陆军部任职，在1918年巴黎和会其间，有着留洋背景的他，又成为巴黎和会上中国代表团上校武官，兼任外交部外文翻译。

在此期间，他结识了大名鼎鼎的梁启超，梁启超对王赓非常欣赏，收他为自己的弟子。从巴黎和会回国后，王赓升职为陆军上校。军阀混战的民国时代，颇有才华的王赓，自然是众多割据一方军阀们眼中不可多得的人才，张作霖、孙传芳、吴佩孚都向他伸来了"橄榄枝"。

1921年，处于事业上升期的王赓，在唐在礼夫妇的介绍下，和陆小曼相识，对这位美女，王赓一见倾心，对陆小曼展开了热烈的追求。

对于陆定夫妇来说，王赓正是他们一直努力寻找的"金龟婿"，他们认定，王赓的未来一定不可限量。其实也正如陆定

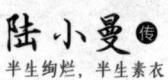

夫妇所预想的那样，1923年，王赓升任交通部护路军副司令，军衔为陆军少将；1924年，他成为哈尔滨警察厅厅长。火箭般的上升速度，令人侧目。

陆小曼的母亲吴曼华第一次看到王赓时，不由为之眼前一亮，有人曾描绘过当时吴曼华的心理活动："陆小曼之母，看到有这种少年英俊……说这穷小子将来一定会发达，虽是王赓年龄长陆小曼七岁，但并无大碍，毫不迟疑地便把陆小曼许配了他。"

王赓被陆定夫妇看中，还有至关重要的一个原因是，他没有那些纨绔子弟寻花问柳的不良嗜好，尽管他是从社会底层奋斗上来的，但他自身良好的发展前景和优良的个人品行，极被陆定夫妇欣赏。

就这样，从王赓提出求婚开始，到陆小曼父母答应，期间仅仅间隔了一个月左右。这对被人们誉为"绅士配淑女"的婚姻，是被大多数人所看好的。在王赓的眼中，岳父陆定财力雄厚，人脉强大，会为他日后的飞黄腾达助一臂之力；陆小曼选中王赓，是期望这位夫君能够带给她无尽的荣华富贵，以最大限度地维持她参与上流社会社交活动的生活水准。

这场婚姻，自然由财大气粗的陆家一手包办。两人的婚礼仪式，安排在"海军联欢社"举行，其盛大奢华的场面，可谓轰动一时，当时的报纸都争相报道，那些喜欢打听名门盛事的记者，以羡慕的口吻写道："光女傧相就有九位之多，除曹汝霖的女儿、章宗祥的女儿、叶恭绰的女儿、赵椿年的女儿外，还有数位英国小姐。这些小姐的衣服，也都由陆家定制。婚礼的当天，中外来宾数百人，几乎把'海军联欢社'的大门给挤破了。"

这一年，是1922年。陆小曼满怀期待地走入了婚姻的殿堂，走入了她向往的爱情生活。如果她的人生按照这样的轨迹走下去，在家相夫教子，当其他女人眼中羡慕的王太太，夫妇相敬如宾，恐怕会羡煞世人。然而一旦步入现实，日子却并非如大家，也包括陆小曼自身在内所想象的那样。

这场基本上由父母安排的婚姻，陆小曼虽然点头表示同意，然而对于婚姻本身以及婚姻对她未来生活的影响，她又能知道多少呢？又何曾认真思考过呢？才子佳人的双方，其实也仅仅限于对另一半表面上的理解，唯有结婚并生活在一起，过柴米油盐的日子，才会知道等待各自的生活真实的面目是什么。

暗自垂泪：这不是她想要的爱情

　　陆小曼的第一次婚姻，在她刚刚品尝了蜜月的新奇和丝丝甜意后，很快发现这不是她想要的生活，平淡的生活让她快要窒息了。婚前的陆小曼，被多少男人如众星捧月地簇拥着，他们视她为人间的尤物和女神，殷勤地关怀备至，而一旦步入了婚姻的殿堂，曾经自由自在的生活消失不见了，同时她理想的夫君王赓，在现实中的表现，也让她失望至极。

　　受西方教育多年的王赓，生活习惯上大多遵从西方人的习性。军校中严格的作息规律，也被他全部保留了下来，周一到周六是他的法定工作日，谁也不能干扰，周日是他的法定休息日，他很少和亲朋互动。

　　工作上他一丝不苟，兢兢业业；居家生活上，他不是看书就是思考，这也有意无意地冷落了新婚燕尔的娇妻。他的这种近乎苦行僧般的行径，自然不懂得如何去了解妻子内心深处的想法和活动，也不知道变出一些小花样来讨妻子的欢心，说他笨拙也好，不懂风情也罢，他的种种表现，让陆小曼愈发不满。

也许在外人的眼中,王赓恰恰是典型的好男人、好丈夫。对待工作认真不说,薪水也非常丰厚,也从未和其他女人有任何的瓜葛,他一心为了事业而拼,这不正是一位好丈夫的表现吗?虽然这种努力向上的拼搏,带有野心和投机性质,可一旦一个男人失去了向上奋斗的野心,又有几个能真正获得大家的青睐呢?

《徐志摩与陆小曼艳史》一书中,作者曾这样描述说:"谁知这位多才多艺的新郎,虽然学贯中西,对与女人的应付,却完全是一个门外汉,他自娶到了这一如花似玉的漂亮太太,还是一天到晚手不释卷,并不分些工夫去温存温存,使她感到满足。"

王赓是不喜欢陆小曼吗?自然不是。从见到陆小曼的第一天起,他就视对方为人间尤物,常为此寝食难安。即使在婚后,他也一如既往地喜爱这位令他心动的女人,然而这种喜爱,更多的是以一种大哥哥关心和爱护小妹妹的行为释放出来。

反观陆小曼,她任性、多情、心高气傲,她理想中夫君的样子,一定要对她百依百顺,宠着她、惯着她,风流潇洒。显然,在这方面王赓是不合格的。不懂得善解人意的王赓,将陆小曼娶到手后,便将她冷落在了一边,他的眼中只有自己的仕途,以及如何通过努力获得步步高升的辉煌前程。嫁入王家的陆小曼,好似困在笼中的飞鸟一般,失去了飞翔的"翅膀"。

两人之间巨大的性格反差,理想和现实之间的矛盾碰撞,

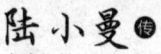

无形中拉大了彼此之间的距离,他们逐渐形如路人,冷漠和怨恨也越积越深。尤其是陆小曼,越来越难以忍受这种被冷落的生活氛围,她在日记中这样描述落寞的内心感受道:"她们看来夫荣子贵是女子的莫大幸福,个人的喜、乐、哀、怒是不成问题的,所以也难怪她(母亲)不能明了我的苦楚。"

多次品尝被冷落之苦后的陆小曼,索性也放开了自我。她不管不顾,每日里和一群太太吃饭、打牌、跳舞、唱戏,这种丰富多彩、五光十色的夜生活,其实也是陆小曼一种无声的反抗。每天玩上一个通宵,尔后回家吃饭睡觉,直到下午才起床,洗漱穿衣,继续前一日雷同的生活。

王赓看在眼里,内心自然很不赞成。最初的时候,他还能忍受,甚而婉言劝说妻子尽量不要彻夜不归,这样会对身体健康带来影响。当然在王赓的内心深处,有一个不愿说的原因,他不希望妻子过分地抛头露面,他需要的是一位恪守传统、懂得关心和体贴丈夫的贤内助。

但每次王赓的规劝,都会换来陆小曼激烈的反唇相讥,双方最终会不欢而散。这种折磨人的生活以及对彼此带来的巨大心理伤害,让陆小曼痛苦万分。可是已经嫁为人妇的她,又有什么办法改变呢?她只能在日记中倾泻着内心的感受:"其实我不羡富贵,也不慕荣华,我只要一个安乐的家庭、如心的伴侣,谁知连这一点要求都不能得到,只落得终日里孤单的,有话都没有人能讲,每天只是强自欢笑地在人群里混。"

连这一点要求都得不到满足的陆小曼，渴望自由快乐的她，所能做的，就是找各种借口和王赓大吵一架。婚姻不到半年的时间里，两人为此不知争吵了多少回，每一次争吵，都会拉深彼此之间的情感裂痕，等到这一裂痕大到无法弥补的时候，他们的俗世姻缘，也即将走到尽头。

恨不相逢未嫁时,相遇徐志摩

新婚不久的陆小曼,在婚姻的"围城"里痛苦不堪,和丈夫之间,两人不仅缺乏共同的爱好,性格上也很难互补,每日里两人常争吵不断。她渴望突破婚姻"围城"的藩篱,重新寻找属于自己的爱情。因缘巧合下,她和徐志摩相逢,对方仿佛一道光,突破阴云的缝隙,直射入陆小曼的心田,开启了另一场轰轰烈烈的唯美爱情。

民国时期,徐志摩是大名鼎鼎的才子,新月派代表诗人,其新体诗名动天下。武侠小说大师级的人物金庸先生,是他的表弟。

作家苏雪林对当时在文坛上崭露头角的徐志摩,这样评价说:"民国十年左右的文坛,北方归鲁迅、周作人兄弟统治,南方则'创造社'与'文学研究会'对峙,对于青年心理有很大影响。北方唯一诗人是冰心,南方则郭沫若了。民国十一、二年间忽然从英国回来了一批留学生,其中有几个后来以文学显名,徐志摩就是其中之一。"

1897年，徐志摩出生于浙江海宁市硖石镇，原名徐章垿，字槱森，后来他在留学英国时改名志摩。1915年，他从杭州一中毕业，后于北京大学完成学业，在这里他拜梁启超为师。1918年，徐志摩远赴美国学习，而后又来到英国剑桥大学研究政治经济学。在剑桥学习的两年时间里，他深受欧美浪漫主义和唯美派诗人的影响，为他日后新体诗的创作打下了坚实的基础。1922年，徐志摩回国。

遇到陆小曼之前，徐志摩曾有过两段情感经历。他的第一任妻子张幼仪，是那个年代楚楚动人的名门闺秀，为人贤惠，是一位能干持家的好妻子。然而对于生性浪漫的徐志摩而言，张幼仪不是他心目中理想的婚姻对象，因此婚后不久，徐志摩发现和张幼仪之间缺乏必要的情感交流，双方之间仿佛始终隔着一道厚厚的屏障，就像陆小曼之于王赓一样，这也让徐志摩产生了移情别恋的念头。

1920年，在英国留学时，徐志摩结识了民国另一位大才女林徽因。天真活泼、才情出众的林徽因，令徐志摩一见倾心，在他的眼中，林徽因就如《红楼梦》中的林妹妹一般，让他顿生爱恋。

在伦敦的这段日子里，两个异国他乡的年轻人，建立了深厚的友谊，度过了一段难以忘怀的美好时光。

为了追求林徽因，1922年3月，徐志摩狠下心来，和张幼仪宣布离婚。不过对于林徽因而言，关于爱情，更多的是理性

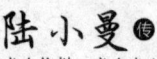

的思考,尽管她也非常喜欢徐志摩,但在一番深思熟虑之后,她还是接受了梁思成(梁启超的儿子)的订婚请求。

梁思成虽然没有徐志摩天性具有的浪漫,但沉稳且才华卓越的他,对林徽因更多了几分吸引力。

对于林徽因的选择,徐志摩自然是痛不欲生,他想不通的是,自己如此挚爱着林徽因,又为她不惜和结发妻子离了婚,却得到这样的一个结果。

在徐志摩人生的至暗时刻,命运之手为其制造了另外一段姻缘,推动着他和陆小曼的相逢。一场备受世人瞩目的惊天爱情就此拉开了序幕。

1924年4月,泰戈尔来华访问。5月7日,是泰戈尔的63岁生日,为了表示庆祝,京城的名流人士聚在一起,联合排演了一场诗剧《齐德拉》,地点定在协和医学院的礼堂内。

剧中,林徽因出演齐德拉公主,徐志摩扮演爱神。此时的林徽因,已经心有所属,而痴情的徐志摩,还苦苦幻想着能够得到林徽因的垂爱,他柔情的眼神里,一直闪动着林徽因曼妙的倩影。但他不知道的是,让他在往后余生爱得死去活来的女子,就在不远处。

那一天,凑巧的是,陆小曼也来到了协和医院的礼堂门口,为这场演出做宣传。有人曾这样形容当时对陆小曼的印象:"在礼堂的外部,就数陆小曼一人最忙,进来一位递上一册说明书,同时收回一元大洋。看她手忙脚乱的情形,看她那瘦弱的身躯,苗条的腰肢，眉目若画，梳着一丝不乱的时式头——彼时尚未剪发——斜插着一朵鲜红的花，美艳的体态，轻嫩的喉咙，满面春风地招待来宾，那一种风雅宜人的样子，真无怪乎被称为第一美人。"

陆小曼能被所有认识她的人称呼为明艳的第一美人，绝非是恭维之词。同时期和陆小曼相识的画家刘海粟，也和这位倾慕陆小曼神采的场外人士一样，对这位民国首屈一指的名媛印象深刻。他在第一次见到陆小曼时，也难以抑制激动的心情，在当天的日记中写道："当底下人通报说'小姐就来'时，我纳闷：我们要见的是一位太太，就是还年轻，怎么叫'小姐'呢？谁知站在我们面前的竟是一位光艳绝伦、光彩照人的少女。啊！原来她就是陆小曼！"

被众多名流所推崇的陆小曼，和自诩风流多情的徐志摩相遇，双方擦出了爱的火花。

正如张爱玲在书中所写的那样："爱是于千万人之中遇见你所遇见的人，于千万年之中，时间的无涯的荒野里，没有早一步，也没有晚一步，刚巧赶上了，这就是缘分。"

这一次的相见，气质典雅的陆小曼，一下子征服了徐志摩。他的眼睛再也离不开陆小曼了，她的一举一动，一颦一笑，都让徐志摩神魂颠倒，那种美妙的滋味，恐怕也只有当事人徐志摩感受最深了吧！

和林徽因分手后的徐志摩，他忧郁的内心阴霾，第一次被

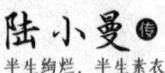

眼前这位美丽的女人给一扫而空,两人相识后,徐志摩更加认定了陆小曼才是他一生值得追求和爱护的女子,他下定决心,一定要"抱得美人归"。

从此之后,徐志摩就寻找各种借口和陆小曼相见,有时为了避免尴尬,他还会拉上胡适,将其当作自己的"挡箭牌"。其实胡适也曾对陆小曼暗生情愫,1925年5月3日,早已和江冬秀成婚的胡适,依然将歌德的一首诗送给陆小曼:"要是天公换了卿和我,该把这糊涂世界一齐都打破,再锻再炼再调和,好依着你我的安排,把世界重新改造过!"

徐志摩和陆小曼,一个是江南才子,风流自赏,多情暗生;一个是艳丽少妇,深情款款,双方间的距离一下子拉近了许多。而且随着交往的延伸,在彼此的心里,都为对方留下了一个重要的位置,期待每一次的相逢。

徐志摩和王赓早年间就相识,后来他更是成为王赓家的常客,没事就颠颠地跑来,邀请王赓夫妇一起出去玩。王赓的重心放在自己的事业上面,一开始他还虚与委蛇,带着陆小曼和徐志摩出去了几次,后来不胜其烦的他,干脆直接说:"你和小曼先出去吧,我有空就过去。"

王赓没有想到的是,他的这种态度,反而给了徐志摩和陆小曼无数单独相处的机会,一对心照不宣的恋人,公然出去游玩,他们逛戏院听戏,坐茶楼喝茶,和牌友们打牌,感情在相互陪伴中急速升温,到了如胶似漆、难分难离的地步。

一心扑在事业上的王赓，对此一无所知。不久后，他调任哈尔滨，担任警察局局长的职务，需要陆小曼一起陪他前往。陆小曼名义上还是王赓的妻子，她也只好跟随王赓上任。不过很快，陆小曼便以不适应哈尔滨的生活为借口，独自返回了京城，重新和徐志摩见面。

短暂分别后被相思煎熬的徐志摩，再也控制不住思念的情绪，作为诗人的他，诗意汹涌，激情澎湃，在诗中他如此赞美陆小曼："我的诗魂的滋养全得靠你，你得抱着我的诗魂像母亲抱孩子似的，他冷了你得给他穿，他饿了你得喂他食——有你的爱他就不愁饿不怕冻，有你的爱他就有命！"

此时的徐志摩，再也按捺不住，他要向身边的所有人宣布：陆小曼是他今生的至爱。

情定终生：品尝爱情的甜蜜

第一段婚姻生活中，陆小曼无疑是煎熬的、痛苦的，和丈夫王赓在一起，她感觉连呼吸都是窒息的，她挣扎着努力逃脱这张将其牢牢围困的网。只是那种无力感，仿佛在大海中浮游一般，倍感凄苦无助，寻找不到照亮她情感世界的灯塔，直到和徐志摩相遇。

对此，陆小曼在《爱眉小札》中写道："在我们（她与志摩）见面的时候，我是早已奉了父母之命媒妁之言同别人结婚了，虽然当时也痴长了十几岁的年龄，可是性灵的迷糊竟和稚童一般，婚后一年多才稍微懂人事，明白两性的结合不是可以随便听凭别人安排的，在性情和思想上不能相谋而勉强结合是人世间最痛苦的一件事，当时因为家庭间不能得着安慰，我就改变了常态，埋没了自己的意志，葬身在热闹生活中去忘记我内心的痛苦。又因为我骄蛮的天性不允许我吐露真情，于是直着脖子在人面前唱戏似的唱着，绝对不肯让一个人知道我是一个失意者，是一个不快乐的人。这样的生活一直到无意间认识了徐志摩，叫他那双放射神辉的眼睛照彻了我内心的肺腑，认明了我的隐痛。更用真挚的感情劝我不要再在骗人欺己中偷活，不要自己毁灭前程，他那种倾心相向的真情，才使我的生活转换了方向，而同时也就跌入了恋爱了。"

陆小曼倾泻在笔下的内心独白文字，正是她相遇徐志摩后的真情宣言。徐志摩才华横溢，在当时的中国文坛上大放异彩。对徐志摩才华的钦佩，让陆小曼如同找到人生最为重要的知音一般，如此亲切温暖。

和丈夫王赓相比，徐志摩身上还有许多令陆小曼相见倾心的优点：风流多情、懂得关心呵护，能够明白陆小曼的内心需要……如果将徐志摩比作一汪清泉的话，陆小曼就是等待清水滋润的春柳。他们的相遇，注定要发生一场唯美的爱情故事。

同样，对于徐志摩而言，一场期待已久的新的爱情，更是激起了他生命的活力。有了陆小曼的陪伴，徐志摩突然感到原本枯燥的生活是如此多姿多彩，再也没有往日的孤寂，而充实快乐成为徐志摩这段日子中最为鲜明的主题。

有了爱情的激励，徐志摩以饱满的热情参与并推动了"新月诗社"的文学活动。他和其他志同道合的人士定期召开文化沙龙。热爱新文艺的热血青年们，一起交流沟通，碰撞出灵感的火花。

有着文学天赋，又深爱着徐志摩的陆小曼，也加入到了诗社之中。对于他们来说，夜晚时分的新月诗社，更为甜蜜美好、寂静的夜晚，是两人悄然约会的最佳时机。

陆小曼传
半生绚烂，半生素衣

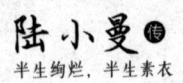

暖意洋洋的书房里，陆小曼如约前来，和徐志摩围炉对坐。一杯酒，几样可口的小菜，可敞开心扉窃窃私语，可并肩而立倚窗赏月，在属于两个人的世界里尽情陶醉。

经过一段时间的相处，相知相恋的两人坚定了向爱情迈出勇敢步伐的决心。陆小曼告诉徐志摩，她会处理好和王赓之间的婚姻问题，在合适的时机终结和丈夫的这场姻缘。徐志摩也信誓旦旦地保证，陆小曼是他的女神，是他未来生命里的唯一，他会说服家里人，也会冲破一切世俗的偏见与阻挠，和心爱的人相守终生。

每到深夜时分，当陆小曼不得不离开的时候，一个会紧紧拥抱着另一个，仿佛要将对方融化在自己的身体里。送陆小曼出门的诗人，总会痴痴地站立在诗社的门口，目光一直护送着心爱的人登车而去，直至她的身影被茫茫的黑夜完全吞噬掉。

爱人离去，反身回屋的诗人，又如何能够安然入眠呢？回忆相聚的分分秒秒、点点滴滴，又如何不让他思绪万千、激情澎湃呢？在爱情力量的驱使下，诗人辗转反侧，后又索性披衣下床，那些充满绮丽旖旎味道的爱情小诗，从诗人飞速的笔尖宣泄出来，如精灵一般，飞舞着，跳动着，奏响出爱的音符。

假若我是一朵雪花，
翩翩的在半空里潇洒，
我一定认清我的方向——

飞扬,飞扬,飞扬——
这地面上有我的方向。

不去那冷寞的幽谷,
不去那凄清的山麓,
也不上荒街去惆怅——
飞扬,飞扬,飞扬——
你看,我有我的方向!

在半空里娟娟的飞舞,
认明了那清幽的住处,
等着她来花园里探望——
飞扬,飞扬,飞扬——
啊,她身上有朱砂梅的清香!

那时我凭藉我的身轻,
盈盈的,沾住了她的衣襟……

  停下飞扬的思绪,诗人搓着手审视再三,最后又改动了几次标题,终于完成了这首《雪花的快乐》爱情诗的创作。
  诗人是感性的,正如他在《猛虎集》序文中写到的那样:"诗人也是一种痴鸟,他把他的柔软的心窝紧抵着蔷薇的花刺,口里不住地唱着星月的光辉与人类的希望,非到他的心血滴出来把白花染成大红他不住口。他的痛苦与快乐是深沉的一片。"

彼时彼刻,徐志摩完全被陆小曼给迷住了,他奋不顾身地跳入了爱的汪洋之中,在相思的苦海旋涡中奋力挣扎。

他在《春的投生》中写道:"桃花早已开上你的脸,我更敏锐的消受你的媚,吞咽你的连珠的笑;你不觉得我的手臂迫切的要求你的腰身,我的呼吸投射到你的身上,如同万千的飞萤投向光焰?这些,还有别的许多说不尽的,和着鸟雀们的热情的回荡,都在手携着手的赞美着春的投生。"

每次面对面凝视着陆小曼秀丽的面孔,徐志摩内心的烈焰就会不受控制般地熊熊燃烧起来,他对她说:"我有时真想拉你一同死去。我真的不沾恋这形式的生命,我只求一个同伴。"

这或许就是真正的爱恋吧!热烈、执着、奔放乃至疯狂,宁愿被爱情之火燃烧成灰。

陆小曼不是不知道和徐志摩在一起,会承受多大的精神压力和道德舆论指责:在旧的传统道德思想仍占据主流社会风尚的年代,一个有夫之妇,怎么能为了一个男子,不惜和家庭决裂呢?离婚以及离婚后的去留,对于当时大多数中国女人来说,还是不敢深入想象的场景,她们宁愿继续忍受着婚姻生活的摧残,也不敢鼓足勇气迈出解放自我的一步。可是此时的陆小曼,已然坚定了和丈夫王赓分手的决心。

诗人远行：只为异日再重逢

1925年3月，已然是春意融融的阳春时节了。和徐志摩已经爱到难分难解、你情我浓的陆小曼，在日记中记录着和诗人在一起的甜蜜时光，用单薄的笔，倾诉着一个渴望爱情的女人的内心呐喊。

日记的开篇，陆小曼这样写道："我现在起始写一本日记，实在不能说是什么日记，叫'一个可怜女子的冤诉'吧。"

在这里，陆小曼将自己形容为一名"可怜的女人"，其实这也是所有处于爱恋期女子的共同反应：和恋人相处的时光里，温馨甜蜜，恩爱缠绵；恋人不在身边的时候，望穿秋水，相思成疾。患得患失的煎熬，只有投身其中才能品味到其中的滋味。

陆小曼和徐志摩都逐渐发现，他们已经到了难以离分的地步了，正如诗词中所描绘的那样："一日不见，如三秋兮！"内心都被各自情感折磨悲苦的两人，心与心渐渐融合在了一起。

徐志摩迷恋陆小曼的楚楚风韵，低眉颦笑间令人忘却了烦忧，他为她绝世的容貌所倾倒，也为她超凡脱俗的高雅气质所

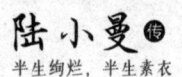

吸引。正如他在写给陆小曼的信中所说的那样:"我爱你朴素,不爱你奢华。你穿上一件蓝布袍,你的眉目间就有一种特异的光彩,我看了心里就觉着不可名状的欢喜。朴素是真的高贵。你穿戴齐整的时候当然是好看,但那好看是寻常的,人人都认得的,素服时的眉,有我独到的领略。"

只是,横亘在徐志摩眼前的,是一道巨大的道德鸿沟。毕竟陆小曼已是他人妇,而且还是自己好友的妻子,他这样执迷不悟,爱到相思入骨的地步,究竟是对还是错呢?

然而他又转念一想,在婚姻围城中备受折磨的陆小曼,不也在努力挣脱这张束缚爱情自由的大网吗?即使没有自己的出现和存在,她和王赓的婚姻也会亮起"红灯",很明显这是早晚的事情,他的爱慕和陪伴,不过是一味"催化剂"罢了,自己又何必苦苦拘泥于道德舆论的"罗网"限制呢?想通了这一切的徐志摩,突然感到释然了,既然爱了,既然今生值得他爱到疯狂的女人出现了,他要像古罗马斗兽场勇敢的角斗士,身披战衣勇猛冲锋,做一名敢于追求爱情的"无畏勇士"。

只是令徐志摩、陆小曼有些意外的是,他们之间的恋情曝光后,在北京、上海等地的文化圈内,掀起了一股不小的波澜。熟悉他们的圈内人,都被这场大家称之为"孽缘"的恋情惊呆了。

一个是有着极好身份地位的贵妇人,一个是风度翩翩、才华出众的大诗人,贵妇的丈夫还是诗人的好友,深受好友的信赖,可是他们回报好友的是什么呢?是惊掉众人眼球的婚外恋。

是徐志摩求爱在前？还是陆小曼自愿投入呢？一时间，各种流言蜚语纷至沓来，小道消息也是满天飞，众口铄金，似乎要将两人淹没在道德指责的舆论旋涡中，至少也要"棒打鸳鸯"，生生拆散这对见不得光的恋人。

　　置身舆论旋涡中的徐志摩，不得不硬着头皮去面对同事、好友以及师长。他试图反击抗争，然而回应他的却是各种冷嘲热讽。也有一些心理阴暗的人，对他各种谩骂，在他们的潜意识里，芳华绝代的陆小曼，岂能让徐志摩一人专美呢？

　　在徐志摩痛苦彷徨、不知所措的时候，他接到了印度著名诗人泰戈尔托人发来的信。信中写道："志摩，先生身体近来欠佳，十分挂念您。希望您能前来欧洲，与老诗人一聚。殷切盼望您的回信，请电函。"

　　这封来信，从某种意义上说，是对徐志摩的一次"解救"。让他可以暂时摆脱封建礼教卫道士的口诛笔伐，他将听他最为崇拜的人的教诲。这对于当时大多数热爱文学的人士来说，都是非常难得的机会，也是一种无上的荣光。

　　不过转念想到陆小曼，徐志摩又不由得愁肠百结起来。他离开后，会留下孤独无助的陆小曼一个人，她又该如何面对这漫天的指责与非议呢？

　　尤其现在正是他和陆小曼恋情最为波折困难的时期，和恋人一起勇敢地迎接暴风雨的洗礼，才是一个男人应有的担当。他知道陆小曼也需要他的这种担当，所以无论从哪个角度看，

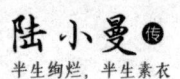

他都不能扔下陆小曼一个人走。

举棋不定的徐志摩，向好友胡适倾诉自己的苦恼。胡适鼓励他应当把握住这次难得的学习机会，因为它能够为他日后的文学创作带来巨大的精神滋养，切莫太过于儿女情长了。

胡适的话语不无道理，从提高文学创作水平的角度看，没有其他机会比这个更为合适的了。其他人求之不得的机会，错过了岂不是太为可惜了？然而当徐志摩的内心掠过陆小曼的倩影时，又莫名地心痛起来。

此刻置身道德舆论旋涡的两人，见上一次面都显得非常奢侈。徐志摩费了好多周折，终和陆小曼相见。

当陆小曼从他的口中得知这一消息后，内心又何尝不是极度的失落和无助呢？一想到就要和心爱的人分开一段日子，她的心就不由得剧痛起来，仿佛被一双手牢牢拽了一把似的，疼到彻骨。

可是，她冷静下来之后思考，也认为这对徐志摩而言是一次绝佳的机会。他们之间的爱情，来日方长。而大诗人泰戈尔，身体抱恙，也许很快就不久于人世，她又怎能不做出一点小小的牺牲，去成全她心爱的人的心愿呢？

通情达理的陆小曼，自然让徐志摩感动万分。他再一次坚定地认为，陆小曼是"我将于茫茫人海中寻访灵魂之唯一伴侣，得之，我幸，不得，我命"。此生和陆小曼相遇，是上天给予他的最为宝贵的缘分，陆小曼就是他的爱神，他荒芜情感沙漠里的甘霖。

虽然分别只是暂时的，然而那种分别后的相思却总能痛入心扉。在被众人诋毁非议的日子里，离开了徐志摩的陆小曼，又该怎样独自承受舆论的重压呢？出于担心，徐志摩告诉陆小曼，每天她都可以以写日记的形式，记录日常的点点滴滴，尔后以书信的方式寄送给他，日日不断。

在徐志摩出国的前夜，他的一些好友纷纷赶来为他践行。宴席上，陆小曼独坐一隅，一杯一杯地喝着爱情的苦酒，徐志摩看在眼里，疼在心里，可是有什么办法呢？在众目睽睽之下，他只好克制自己的情感，和陆小曼之间刻意拉开着距离。

送别的宴会结束后，徐志摩返回住处，心绪万千的他，只能在信纸上倾诉衷肠："啊！我的龙，这时候你睡熟了没有？你的呼吸调匀了没有？你的灵魂暂时平安了没有？你知不知道你的爱正在含着两眼热泪，在这深夜里和你说话，想你，疼你，安慰你，爱你？我好恨呀，这一层的隔膜，真的全是隔膜，这仿佛是你淹在水里挣扎着要命，他们却掷下瓦片石块来算是救渡你；我好恨呀！这酒的力量还不够大，方才我站在旁边我是完全准备了的。我知道我的龙儿的心坎儿只嚷着'我冷呀，我要他的热胸膛偎着我；我痛呀，我要我的他搂着我；我倦呀，我要在他的手臂内得到我最想望的安息与舒服！'——但是实际上我只能在旁边站着看，我稍微的一帮助就受人干涉，意思说'不劳费心，这不关你的事，请你早去休息吧，她不用你管！'……"

第二天，徐志摩就要启程出发，远渡重洋了。临别前，他将自己连夜写好的信件，找了一个机会递给了陆小曼。在送别的人群里，陆小曼和王赓待在一起，徐志摩只能像和其他人告别一样，礼貌性地和陆小曼握手作别。只是当两人的手紧紧握在一起的时候，他能够从陆小曼强颜欢笑的眼神里，读出焦虑和担忧；他看到泪水在她眼里打转，却不敢流下来。

火车启动了，看着送别人群的身影越来越模糊，徐志摩的眼泪不由自主地流了下来。陆小曼瘦弱无助的样子，还在他的脑海里萦绕盘旋，挥之不去，他的心为之一阵阵地揪痛。前路漫漫，孤身一人远赴异国他乡的他，何时才能和心爱的人再次相会呢？

站台上的陆小曼，随着火车的离去，她的心也仿佛被掏空了一般，魂魄也似乎随着徐志摩远去了。不受控制的泪水一直流个不停，但为了不让王赓和身边的人察觉，陆小曼一直在不停地偷偷擦拭着脸颊上的泪痕。

当火车疾驰而去不见了踪影的时候，在王赓的提醒下，陆小曼才慌忙恢复了常态，低着头回到了车上。

两地分离,为爱相思成灰

没有徐志摩在身边陪伴的日子,陆小曼越发感到凄苦悲凉,空荡荡的屋子显得了无生气。无人注意的时候,陆小曼就将徐志摩临行前悄悄塞给她的信件拿出来,铺展在桌面上细细读着。

龙龙:

我的肝肠寸寸地断了,今晚再不好好地给你一封信,再不把我的心给你看,我就不配爱你,就不配受你的爱。我的小龙呀,这实在是太难受了,我现在不愿别的,只愿我伴着你一同吃苦——你方才心头一阵阵地绞痛,我在旁边只是咬紧牙关闭着眼替你熬着。龙呀,让你血液里的讨命鬼来找着我吧,叫我眼看你这样生生地受罪,我什么意念都变了灰了!你吃现鲜鲜的苦是真的,叫我怨谁去?

方才你接连叫着:"我不是醉,只是难受,只是心里苦。"你那话一出,像是钢铁锥子刺着我的心:愤、慨、恨、急的各种情绪就像潮水似地涌上了胸头。那时我就觉得什么都不怕,

陆小曼 传
半生绚烂,半生素衣

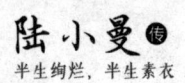

勇气像天一般的高,只要你一句话出口,什么事我都干!为你,我抛弃了一切只是本分;为你,我还顾得什么性命与名誉——真的,假如你方才说出了一半句着边际着颜色的话,此刻你我的命运早已变定了方向都难说哩!

我在十几个钟头内就要走了,丢开你走了,你怨我忍心不是?我也自认我这回不得不硬一硬心肠,你也明白我这回去是我精神的与知识的"撒拿吐瑾",我受益就是你受益,我此去得加倍地用心,你在这时期内也得加倍地奋斗。我信你的勇气,这回就是你试验、实证你勇气的机会。我人虽走,我的心不离开你;要知道在我与你的中间有的是无形的精神线,彼此的悲欢喜怒此后是相通的,你信不信?(身无彩凤双飞翼,心有灵犀一点通。)我再也不必嘱咐,你已经有了努力方向,我预知你一定成功。你这回冲锋上去,死了也是成功,有我在这里,阿龙,放大胆子上前去吧!彼此不要辜负了,再会!

摩 3月10日早3时

从信的落款就可以看出,这是徐志摩在出发之前连夜赶写的。字里行间,徐志摩内心的痛苦和彷徨跃然纸上。无声的泪水从陆小曼的脸上滑落,这样一个用情至深的男人,才是她值得托付终身的另一半。

然而正如徐志摩所预料与担心的那样,在他走了之后,陆小曼要独自一人面对几乎所有人的非议和责难,这里面也包括她的双亲在内。

陆定夫妇一直视女儿为他们人生的骄傲，可是当有关徐志摩和陆小曼的流言蜚语闹得天下皆知的时候，向来骄傲且自尊心强的陆定夫妇，倍感颜面无存。在他们看来，离经叛道的陆小曼，实在是有辱家风。

陆定曾为此和陆小曼有过一次长谈，他苦口婆心地劝说女儿，希望她能够与王赓和好如初，断绝和徐志摩的联系。但一心都扑在徐志摩身上的陆小曼不为所动，为此还和父亲大吵了一架，父女关系降到了冰点。

一向疼爱女儿的吴曼华，这次也坚定地站在了丈夫的一边，和陆定一起劝说陆小曼，试图让女儿回心转意。不过在他们尝试了种种努力之后，陆定夫妇终于认识到：这一次，以往乖巧的女儿再也不肯听从长辈的话语了。那种失望透顶的心情，也极大伤害了吴曼华，她一度产生了和女儿断绝关系的念头。

然而毕竟是自己亲手照看大的女儿，陆定夫妇所能做的，就是严加看管陆小曼，限制她的自由活动。尽管明知这种极端的方式并不奏效，可是陆定夫妇为了顾全陆家的名声，只能狠心如此。

徐志摩的父母也非常反对他与陆小曼的交往。徐志摩的父亲名叫徐申如，是海宁当地有名的乡绅，脑子里都是传统的封建道德礼教。当年儿子执意和儿媳张幼仪离婚，就已经让徐申如视为大逆不道了，如今他又和一位有夫之妇产生了不伦之恋，

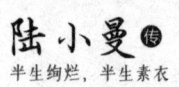

又如何不让徐申如勃然大怒呢？

而且从一名好儿媳的标准看，张幼仪才是他们眼中最为满意的儿媳妇，贤惠文静，里里外外操持家务；反观陆小曼，社交名媛，娇生惯养，众星捧月，家务方面一窍不通，他们实在想不通，这样的一个女子，为何儿子徐志摩如此执迷不悟地爱恋着她呢？

相比较两人所承受的重压，显然陆小曼身上的压力要大于徐志摩。在封建礼教还占据上风的年代里，一个有夫之妇，公然背着丈夫和另外一名男子产生恋情，这要面对多少卫道士的指责和诋毁呢？陆小曼的内心深处，其实常常涌动着不安的情绪，毕竟王赓对她非常不错，一直努力给她提供最为优越的生活条件，同时也一如既往地爱着她、宠着她。有这样一个被世人称作"模范标准"的丈夫，她为何要走上一条被大家所唾弃的道路呢？在思想压力最为沉重的时候，陆小曼几度想到了一死了之，想以这样极端的方式和这个世界作最后的斗争。

庆幸的是，徐志摩自从踏上远行的旅程之后，他每天坚持写信给陆小曼，日日如此，从未间断，所以身居国内的陆小曼，几乎每天都可以收到徐志摩的来信。信中徐志摩一面倾诉着对陆小曼的思念之情，一面积极地鼓励她，告诉她哪怕这个世界上所有人都反对她、孤立她，他希望陆小曼知道，还有一个叫作徐志摩的男人，始终在背后支持她、爱着他。

读着徐志摩饱含深情的来信，陆小曼重新鼓起了活下去的勇气，她愿意等待徐志摩的回归。为了两人爱情的约定，她暗暗下定决心，她愿守得云开雾散，也愿今生和相爱的另一半白首到老，无论面对任何狂风暴雨的打击，她都可以用稚嫩的肩膀承受。

"问世间情为何物，直教人生死相许！"

多年以后，郁达夫在回忆起徐志摩和陆小曼的恋情时，颇有感触地说："志摩和陆小曼的一段浓情，若在进步的社会里，有理解的社会里，这一种事情，岂不是千古的美谈？忠厚柔艳如陆小曼，热烈诚挚若志摩，遇合在一道，自然要发放火花，烧成一片了，哪里还管得到纲常伦教？更哪里还顾得到宗法家风？当这事情正在北平的交际社会里成话柄的时候，自己就佩服志摩的纯真和陆小曼的勇敢，到了无以复加的地步。"

对于陆小曼和徐志摩的绯闻，王赓也渐渐了解到内情。虽然他是一个事业心非常强的人，常把工作摆在第一的位置，然而对于陆小曼，王赓还是深爱着她的，愿意为她牺牲掉很多东西。

出于对妻子的关心和照顾，王赓痛定思痛之后，辞掉了哈尔滨的职务，在上海重新谋取到了一份新差事。他和岳父母商量，希望能够带陆小曼前往上海生活。在王赓看来，也许离开北平这个社交圈，换一个新环境，她会慢慢和过去的生活告别，忘掉很多人和事。

陆定夫妇对于王赓的意见十分赞成，在他们的心目中，王赓才是一名优秀的女婿，如果女儿能够同他和好如初，那将是再也求之不得的事情了。

在争求陆小曼的意见时，王赓却遇到了拒绝。看到说服不了妻子，王赓只得将岳父母搬了出来。陆定夫妇苦口婆心做女儿的思想工作，无可奈何的陆小曼，只好屈从父母的意见，和丈夫一起来到了上海。

到上海之后，她在当天的日记中写道："你我已无缘，又何必使我们相见，且相见而又在这个时候，已无办法的时候，在这种情况下，真用得这句'恨不相逢未嫁时'的诗了。现在的我进退两难，丢去你不忍心，接受你又办不到，怎不叫人活活地恨死。"

然而无论她如何在日记里倾诉思念怨恨之情，也难以安慰现实中孤苦寂寞的自己。为了打发漫长无聊的时光，陆小曼很快又迷上了十里洋场的夜生活，在这期间她结识了上海的名门闺秀唐瑛。就这样，民国时代"最优雅"的两朵交际花"南唐北陆"，相逢在了一起，那些钦慕她们大名的各色名流，纷纷前来走访拜会。

对妻子如此高调抛头露面的行为，王赓非常反对，他多次和陆小曼长谈，希望她能待在家里，做一个他理想中相夫教子的好妻子。

为了不被丈夫纠缠，陆小曼表面上答应了王赓，也确实减少了一些社交活动。正当王赓认为陆小曼有所回心转意的时候，导致他们矛盾爆发的事件又悄然降临了。

有一天晚上，唐瑛夫妇宴请王赓夫妇。王赓公事繁忙，只有陆小曼一人出席。临行前，王赓特意交代妻子，应酬结束后早早回去，以免自己牵挂。

宴会完毕后，在场的其他人邀请陆小曼前去跳舞，陆小曼想起王赓的叮咛，不由得犹豫起来。众人开始"激将"陆小曼，陆小曼爱面子，也不管不顾地起身和大家一起向舞厅走去。

恰在此时，王赓赶过来接陆小曼回家，当他看到一身盛装、精心打扮的妻子，再看看簇拥在他身边的其他人，王赓瞬间明白了一切，他上前质问妻子，为什么出尔反尔，明明答应过自己不去夜场跳舞？

说到激动处，王赓甚至当众大骂起陆小曼，还试图上前对她动武，好在其他人赶忙劝说，王赓这才怒气冲冲地带着陆小曼回家。

回到家里，两人免不了又是一番争吵，这次撕破脸面的争执，彻底伤了陆小曼的心。她看着眼前面目狰狞的丈夫，一股从未有过的厌恶和陌生感涌上心头。

第二天一大早，向来任性且桀骜不驯的她，直接拎着行李坐车返回北京，并将她和王赓争执的事情原原本本告诉了父母。

听到女儿受到如此大的屈辱，陆定又是气恼又是心疼，难过得差点掉下眼泪。虽然女儿和徐志摩的事情让他脸上没有光彩，不过毕竟是自己的亲生骨肉，受了委屈又如何让当父亲的不心疼呢？

返回家中的陆小曼，一方面懊恼丈夫不通情理，另一方面也出于对徐志摩的深深思念，内心焦虑忧愁的她，一下子病倒在床了。

远在异国他乡的徐志摩接到消息后，心急如焚，当即决定启程返回。一路颠簸，风尘仆仆的徐志摩返回北平后，第一时间来陆小曼的家里探望她。

陆小曼的母亲吴曼华，对徐志摩很有抵触情绪，她认为女儿走到今天，乃至一病不起，徐志摩在其中起到了很坏的作用。为此她一直对徐志摩冷眼相向，不给他一点好脸色。

徐志摩顾不得陆小曼母亲对自己的偏见，他心心念念的是陆小曼。当两人四目凝视、双手紧握时，一切的委屈、痛苦、煎熬都成为过眼云烟。

金风玉露一相逢，便胜却人间无数！

令人喜悦的是，见到徐志摩之后，病情严重的她，很快好转了起来，这就是爱情的伟大力量。

用陆小曼的话语来说："他给我的那一片纯洁的真情，使我不能不还他整个的从来没有给过人的爱！"

既然已经到了难分难离的地步，既然已经尽人皆知了，徐志摩不愿再这样看着心爱的人为他们不清不楚的关系焦虑痛苦，他想要正式向陆定夫妇摊牌，向陆小曼求婚。

但陆小曼的母亲吴曼华是一道大难关，徐志摩的心里也非常明白，他曾给陆小曼写信抱怨说："眉，娘真是何苦来。她是聪明，就该聪明到底；她既然看出我们俩都是痴情人容易钟情，她就该得想法大处落墨，比如说禁止你与我往来，不许你我见面，也是一个办法；否则就该承认我们的情分，给我们一条活路才是道理。像这样小鹡鹡的溜着眼珠当着人前提防，多说一句话该，多看一眼该，多动一手该，这可不是真该，实际毫无干系，只叫人不舒服，强迫人装假，真是何苦来。"

如何劝说吴曼华同意两人的婚事呢？出面牵线的是大画家刘海粟！其实徐志摩一开始求助的是胡适，但胡适表示自己无能为力，没办法，徐志摩只好请刘海粟出面帮忙。刘海粟和陆定夫妇都是常州的乡贤，交情也非常不错，况且陆小曼曾拜师于他。最后他禁不住徐志摩的苦苦哀求，决定出面劝说陆定夫妇接受徐志摩的求婚请求。

冲破藩篱，皆因爱情的魔力

刘海粟很善于分析情势和运用谋略，他知道母女贴心，若能成功劝说吴曼华答应徐志摩的求婚请求，事情基本上就算大功告成了。

见到吴曼华后，刘海粟开门见山，他告诉对方，这样一直拖下去不是办法，难道真要眼睁睁地看着女儿被痛苦折磨而死吗？不如放手成全了他们。

听了刘海粟动之以情、晓之以理的话语，吴曼华的内心颇为纠结。从个人感情上看，她自然疼爱女儿，也希望女儿过得幸福快乐。但从家庭关系上看，她又很难接受女儿和王赓离婚的现实，在她心目中，王赓为人实诚，对女儿以及他们二老也非常不错，几乎挑不出什么大的毛病来，自己一旦松口，是不是对王赓太不公平了呢？

刘海粟看出了吴曼华的心结，他采取迂回路线，继续劝说道："这样好了，我们不如和小曼一起去见见王赓，听听他的意见，如果王赓愿意离婚，你也就不用再纠结了！"

吴曼华思前想后，目前也只有刘海粟的提议是最佳的处理办法，也只有点头同意了。几天后，她就和女儿在刘海粟的陪同下，赶到了上海，找到王赓商议此事。徐志摩不放心，也追着来到了上海。

据此，刘海粟后来回忆劝解的经过时说："小曼母亲听完我的叙述，叹息道：'我们何尝不知道。可是因为我们夫妇都喜欢王赓，才把亲事定下来的。我们对志摩印象也不坏，只是人言可畏啊！'我就提出许多因婚姻不自愿而酿出的悲剧。并且希望长辈要为儿女真正的幸福而做出果断的抉择。老太太是有学问的人，她答应说服王赓。我们就商定，我陪她母女去上海，由她出面找王赓，我再出马。当时王赓正好在沪出公差。当我决定陪小曼母女去上海时，志摩高兴得像个孩子，他把希望都寄托在我身上。我说：'志摩，你不要想得太乐观，这件事不是简单的。'志摩说：'只要你肯用心去办，准能办好，我也只有把希望放在你身上了。'有趣的是，当我们到上海还未立定脚跟，志摩又追随到了上海。当时，他说是和我讨论学术的事，其实，还是紧盯小曼不放。"

到达上海的第三天，由刘海粟出面，在当时上海有名的素菜馆"功德林"宴客。在宴请的客人中，除徐志摩、王赓、吴曼华母女外，还有张歆海、唐瑛兄妹、杨杏佛、李祖德等社会名流。

众人相见，王赓扫视了一眼在座的宾客，他的心里已然知道了大家的来意，事已至此，他倒也彬彬有礼地与大家寒暄着。

陆小曼早就放下了王赓，因此也显得很坦然平静。唯有徐志摩内心忐忑不安，加上他本身是整个事件的"始作俑者"，因此心虚的他一直躲避着王赓的目光，神态颇为尴尬。

刘海粟作为"东道主"，席间极为热情。宴会进行到一半，在徐志摩一再使眼色下，刘海粟才端起酒杯，一面郑重地和王赓碰杯，一面话里有话地说："想当年我刘海粟也是封建包办婚姻的受害者，后来为了追求自己的人生幸福，不惜和家庭决裂，勇敢追求自己的爱情！"

王赓也是聪明人，刘海粟话语里的弦外之音，他何尝听不出来。只是在今天这样一个场合，当众谈论自己和陆小曼的婚姻事宜，他还是有些放不下，因此略略和刘海粟碰了酒杯，便借口离开了。

虽然如此，不过双方在话语的交锋中，已经将问题的"盖子"揭开了，剩下的便是如何让它有一个圆满的收场了。

庆幸的是，王赓是一个大度的男人，他看到事情再也难以挽回，又加上刘海粟请来各色人等有意无意地劝说，最后王赓签署了离婚协议，平静地宣布和陆小曼分手，选择放手以成全她和徐志摩的姻缘。

从刘海粟宴请王赓开始，一直到王赓同意和陆小曼和平分手，前后经历了长达两个月的时间。这两个月，是王赓痛苦思索的时间，是徐志摩惴惴不安的等候，也是陆小曼最为内疚的一段日子。

久久等不来确切答复的徐志摩，一个人失魂落魄地返回了京城。而王赓，经过两个月的自我反思，认为他虽然依旧爱着陆小曼，不过他对她关心不够，也不是她心目中理想的伴侣，退出并祝福他们，才是对双方来说最好的结局。

阴差阳错的是，正当王赓同意放手的时候，陆小曼突然发现自己意外怀孕了，她竟然怀上了王赓的骨肉。

陆小曼一下子蒙了！当一个幸福的妈妈，亲吻孩子柔嫩的小脸，看着他咿呀学语的可爱样子，是这个世界上多少女子最大的心愿。陆小曼又何尝没有这样的想法呢？

要不要把孩子生下来，成为压在陆小曼心头最大的一块石头。

如果选择生下来，王赓就不可能和她离婚，今生她想要和徐志摩终成眷属的梦想，也许会是一个永远也遥不可及的梦想。

但狠心选择不要这个孩子，不仅对不起王赓，也剥夺了腹中胎儿的生命权利。万般纠结的陆小曼，将这一消息偷偷告诉了母亲吴曼华，希望她能够为自己拿一个主意。

吴曼华的态度很鲜明，一定要把孩子生下来，毕竟孩子没有错。母亲的话语很有道理，不过和她与徐志摩的爱情相比，这样的理由并不充分。因此在权衡之后，陆小曼一狠心，选择流掉了孩子。

作出这个决定是艰难的，她瞒过了所有人，包括母亲吴曼华在内。只是这次流产对陆小曼带来的伤害太大了，让她从此失去了生育能力，失去了一个做母亲的骄傲。

婚后徐志摩想要一个孩子，陆小曼只得苦笑着说："你不是有阿欢了吗？"阿欢是徐志摩和发妻张幼仪婚姻存续期间的孩子，其实后来陆小曼认了一些干女儿，也是因为她不能生育的缘故。

1925年年底，陆小曼与王赓协议离婚，和平分手，结束了他们维持了4年的婚姻，那一年，陆小曼年仅23岁。

和陆小曼分手后，期间王赓也曾给徐志摩写过一封短信，大意是说我们大家都是知识分子，我虽然和陆小曼离了婚，不过内心并没有什么成见。如果你此后对她三心二意，让我知道了，我一定会以激烈的手段相对。

后来徐志摩去世，王赓抽出时间去探望陆小曼。陆小曼的住处昏暗不明，她正昏睡在床上，王赓拉开窗帘说："房间搞得这么暗，不通气，没病的人也要生病。"他只是说了这么一句话，也没叫醒陆小曼，坐了一会儿便离开了。

当徐志摩的恩师梁启超听闻是由于他弟子的缘故，而导致了陆小曼和王赓分手的传闻后，不由勃然大怒，连夜写信给徐志摩，信中严厉地批评了徐志摩一番。此刻陷入爱情罗网的徐志摩，自然不肯听从老师的规劝，他希望的是，尽早和陆小曼步入婚姻的殿堂。

婚期马上就要到了，徐志摩和陆小曼这对甜蜜的恋人，为了让大家见证他们的美满爱情，也广发请帖。请帖的图案是《野竹青霄》，折页上写了这样一句话：

夏历七月七日即星期六正午十二点钟

洁樽候叙
志摩、小曼　拜订
座设北海董事会

　　1926年8月14日，农历七月初七，在中国传统节日里，是牛郎和织女相会的日子，徐志摩刻意选择这一天，他挽着他心爱的女人，在众人的见证下，于北海公园举行了一场盛大的订婚仪式。

　　徐志摩邀请恩师梁启超担任他们的证婚人。对徐志摩非常不满的梁启超，在无法推辞下，干脆直接借助主持他俩订婚仪式的时机，当着众多社会名流的面，发表了一番被后人褒贬不一的"心里话"。

　　梁启超直言不讳地说道："徐志摩，你这个人性情浮躁，所以在学问方面没有成就。你这个人用情不专，以致离婚再娶。以后务要痛改前非，重新做人……徐志摩，陆小曼，你们听着！你们都是离过婚又重新结婚的，都是过来人！我作为徐志摩的先生——假如你还认我为先生的话——又作为今天这场婚礼的证婚人，我送你们一句话：祝你们这是最后一次结婚！"

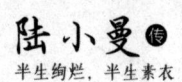

梁启超先生之所以会这么说,主要还在于他对陆小曼有着很深的成见。在他的眼里,陆小曼无非是一个活跃在社交圈的"花瓶",吃喝玩乐样样不落,性情轻薄,举止浮华,不是一个过日子的好女人、好妻子,因此才会在订婚现场"出言不逊",希望以此来使徐志摩和陆小曼两人能够警醒起来。

不管梁启超对陆小曼如何轻视,也不管他的言论是否代表了当时很多人的共同看法,对于陆小曼而言,她终于嫁给了一个她喜欢的男人,他们即将开始甜蜜浪漫的婚姻生活,这才是陆小曼最为憧憬的。

用陆小曼的话说:"我们从此走入了天国,踏进了乐园……一同回到家乡,度了几个月神仙般的生活。"

第三章 有情人终成眷属，只是被现实所累

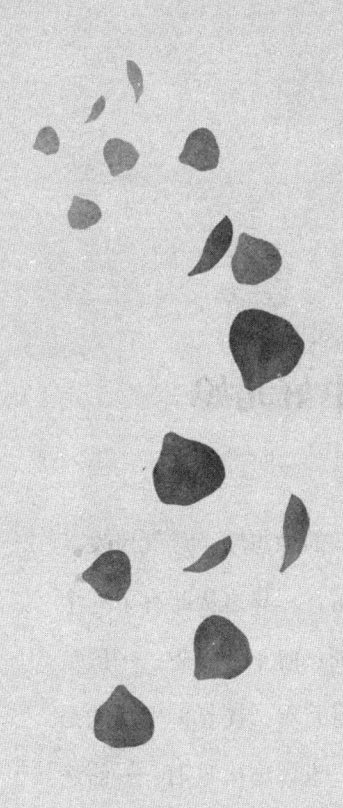

有情人终成眷属！修成了"正果"的陆小曼和徐志摩，开始了他们五年的婚姻历程。然而婚后的甜蜜只是短暂的，徐志摩为了生计，不得不天南海北地四处奔波，以维持陆小曼高质量的生活水准。久而久之，昔日的甜蜜渐渐消失不见了，只剩下生活的琐碎、平淡和乏味。渐行渐远的两个人，最终以徐志摩乘坐的飞机失事而告终。

新婚燕尔,却非公婆心中好儿媳

历经波折,苦尽甘来!抱得美人归的徐志摩,意气风发。他在文章中这样描述新婚时的愉悦心情:"身边从此有了一个人——究竟是一件大事情,一个大分别;向车外望望,一群带笑容往上仰的可爱的朋友的脸盘,回身看看,挨着你坐着的是你这辈子的成绩,归宿。也该你得意,也该你出眼泪——前途是自由吧?为什么不?"

陆小曼和徐志摩成婚之后,他们先一同返回了徐志摩的老家——浙江海宁硖石镇。令陆小曼想不到的是,等待她的并非是温馨幸福的婚姻生活,而是冰冷的公婆关系,这让陆小曼炙热的内心一点点地沉沦了下去。

徐志摩的家境很不错,这要得益于父亲徐申如的辛勤经营。徐家世代经商,积累了不菲的家底,家道颇为殷实,是远近有名的大富商。

不过对于徐志摩和陆小曼的婚姻,徐申如心里非常不赞成,父子之间因此有了很深的裂痕。为了约束徐志摩,在当初他和结发妻子张幼仪离婚时，徐申如就提出一条要求，如果徐志摩再婚，就必须返回浙江老家安安稳稳过日子。

关于回老家生活的事情，徐志摩曾在给陆小曼的信中描述过这一情况："新屋更需月许方可落成，已决安置冷热水管。楼上下房共二十余间，有浴室二。我等已派定东屋，背连浴室，甚符理想。新屋共安电灯八十六，电料我自去选定，尚不太坏，但系暗线，又已装妥，将来添置不知便否。眉眉爱光，新床左右，尤不可无点缀也。此屋尚费商量，因旧屋前进正挡前门，今想一律拆去，门前五开间，一律作为草地，杂种花木，方可像样。惜我爱卿不在，否则即可相偕着手布置矣，岂不美妙。楼后有屋顶露台，远眺东西山景，颇亦不恶。不料辗转结果，我父乃为我眉营此香巢；无此固无以寓此娇燕，言念不禁莞尔。"

就这样，为了安慰父亲，徐志摩听从父亲的安排，和陆小曼一起返回了老家，并在家乡按照旧有的传统，重新举行了一场热热闹闹的婚礼。徐志摩希望通过这样的方式，缓和他和父亲之间紧张的矛盾关系。

只是陆小曼憧憬的爱情生活，只存在于她和徐志摩的两人世界里。在徐家，她和公婆朝夕相处，各种矛盾不可避免地爆发了出来。

性情直爽、受过现代文明洗礼的陆小曼，做事不拘小节。比如吃饭的时候，她会亲密地和徐志摩互动，也不管公婆在不在面前；上楼梯的时候，爱撒娇的她，也常常让徐志摩抱着她回到卧室。

这些小夫妻之间卿卿我我的行为，在陆小曼看来，是再也正常不过了。然而对于从旧社会走过来的徐申如夫妇来说，何曾见过这种"有伤风化"的言行举止呢？本就对陆小曼不满的两公婆，自然是各种冷眼，且内心充满了厌恶。

令徐申如夫妇更为不满的，是陆小曼奢华高调的生活方式。

陆小曼自小生活的陆家，家境优越。作为陆定夫妇唯一的宝贝女儿，陆小曼一直被当作"公主"来养育。陆定夫妇想尽一切办法满足女儿的生活所需，这也养成了陆小曼大手大脚花钱的习惯，看上的东西不论贵贱，一定要得到，心情好就行。

即使和徐志摩在浙江老家生活，陆小曼依旧延续着她在京城的生活方式。各色日常用品她都要挑选最为精美、最为昂贵的来使用，丝毫没有顾及公婆的心理感受。

徐家虽然家境也不错，但过惯了俭朴生活的徐申如夫妇，认为陆小曼太过浪费了，难道就不能略略省着点花销吗？这样下去，纵然有万贯家财，也终究会被掏空的。气怒之下，两公婆搬离了老家，来到了北平投靠前儿媳张幼仪。在他们眼中，张幼仪尽管和徐志摩离婚了，可她还是他们徐家的人，是他们公婆认可的儿媳妇。

没有了公婆的羁绊，陆小曼和徐志摩白天琴棋书画，夜晚谈诗论道，乐得逍遥自在。

可是时间一长，徐志摩便察觉到了一丝问题：再甜美的爱情也当不了面包吃，没有收入、财产几乎又全部被父亲掌控的他，首要面临的就是如何维持他和陆小曼的生计问题。在自己的家乡，不事农桑的徐志摩，自然不会有用武之地，因此他产生了离开老家的念头。

同样，对于陆小曼来说，和丈夫徐志摩初回浙江老家的新鲜感，此时也业已削减大半。这里的生活和北平、上海等大城市相比，更多的是乏味和无趣，对于天性喜欢热闹的陆小曼而言，是一种不大不小的情感折磨。

恰巧这时北伐军开始挺进徐志摩的老家，种种因素的累加，迫使徐志摩带着陆小曼，匆匆告别故乡，来到了上海落脚。

几经周折，囊中羞涩的徐志摩，只能携带爱妻在上海租界一家简陋的小旅馆中安顿了下来。一路上的颠簸，生活质量的下降，让陆小曼一病不起。病中的陆小曼，不仅没有好好反思自己对家庭的责任，反而暗自埋怨起徐志摩来。她潜意识地认为，自己落到今天这样的地步，全拜徐志摩所赐，徐志摩并没有给她带来理想中的生活。

陆小曼后来在文章中写道："离开家乡逃到举目无亲的上海来，从此我们的命运又浸入了颠簸，不如意事一再地加到我们身上。在上海受了几月的煎熬我就染上一身病；后来的几年中就无日不同药炉做伴；连徐志摩也得不着半点的安慰，至今想来我实在对不起他的。"

这一次上海之行，为两人之间日后的矛盾冲突埋下了伏笔。

再入围城,现实困境令诗人心冷

在上海租界的小旅馆中居住了一段时间之后,在朋友的帮助下,两人又在上海的四明村,租了一间公寓住了下来。四明村地处繁华地带,租金自然不菲,陆小曼他们所租住的房子,一个月要一百元左右的租金。

回到了上海之后的陆小曼,就犹如鱼儿回到了大海一般。在这座充满奢靡气息的十里洋场中,陆小曼再次兴奋地投入到了丰富多彩的夜生活中。出手阔绰、肆意挥霍的她,根本不操心家庭方面的开支情况。

比如每次出门,陆小曼必定要乘坐私人汽车,这在当时是一种非常奢侈的行为。一般有身份的人,能够坐上黄包车就已经心满意足了,只有那些达官显贵,才有资本和条件乘坐小轿车。

在个人的穿衣打扮上,陆小曼也是变着花样购买各种名贵的服装,凡是市面上流行的款式,在陆小曼的衣柜中,一定可以找到同样的类型。其他诸如围巾、皮鞋等,更是随心所欲地购买回家,她毫无节制的生活方式,让本就钱财不多的徐志摩,渐渐不堪重负起来。

即使在民国时代,上海也是一座极具魔力的城市,它是男人的赌场,冒险家的乐园,名媛抛头露面的绝佳场所。那些浓妆艳抹的女子,身穿鲜艳的旗袍,涂着鲜艳的指甲,脚踩高跟鞋,三三两两出现在大大小小的歌舞厅中,陆小曼就是其中的一个。

对于徐志摩来说,他对充满繁华和奢靡气息的都市生活,并没有多大的兴趣,他曾说过:"我认定奢华的生活并非高尚的生活。爱,在俭朴的生命中,是有真生命的,像一朵朝露浸着的小草花;在奢华的生活中,即使有爱,不能纯粹,不能自然,像是热屋里烘出来的花,一半天就有衰萎的忧愁。"

从这段话中不难看出,徐志摩的内心深处,所追求的是一种质朴自然的生活。不同的生活理念和人生观,在最初两人新婚燕尔的时候,并没有完全暴露出来,随着生活的延续和时间的延伸,两人之间格格不入的生活理念便爆发出了严重的冲突。

而失去了从父亲那获得重要经济来源的徐志摩,为了让心爱的妻子能够继续过上奢靡的生活,不得不身兼多职。他在上海法学院、南京中央学院、东吴大学等学校中谋得教师职位,多地奔波,以此来赚钱养家。

此外,他还做起了倒卖古董字画、房屋买卖中介的营生,以尽可能多地赚取供妻子挥霍的费用。尽管如此,每月家中依然是入不敷出,不得已的他,只好向朋友借债度日,狼狈不堪。

崇尚自由的陆小曼,丝毫不去体会身为丈夫的艰辛,在她看来，这是丈夫应尽的义务，她有权心安理得地享受。她又回到了和王赓生活在一起时的状态，每天睡到中午才起床吃饭，下午读书，写日记会客，到了晚上，又会装扮一新，参加各种聚会，乃至彻夜不归，周而复始。

对于妻子这般模样，徐志摩看在眼里，也多次劝说。其实早在结婚之前，徐志摩就曾对陆小曼说："我不喜欢你那种随意花钱的生活方式，时间久了，会让你养成任意妄为的态度。结婚之后我也不会因此去努力挣钱，这并不是因为我不懂养家之道，而是我不喜欢那种奢侈的生活，我认为那是一种不高尚的表现。"

幻想中美好理想的爱情生活被现实击得粉碎，徐志摩曾对身边的朋友说："我想在冬至时节独自到一个偏僻的教堂去听几折圣诞的和歌，但我却穿上了臃肿的袍服上舞台去串演不自在的'腐'戏。我想在霜浓月淡的冬夜独自写几行从性灵暖处来的诗句，但我却跟着人们到涂蜡的跳舞厅去艳羡仕女们发金光的鞋袜。"

经济上的困顿，是恶化徐志摩和陆小曼之间情感关系的一大因素；恶劣的婆媳关系，也是其中重要的催化剂。期间徐志摩的母亲身染重病，陆小曼想要去探望一下，但是徐申如却坚决不同意。后来徐母病重去世，葬礼上，作为儿媳的陆小曼没有准许出席，身为前妻的张幼仪却能堂而皇之地在葬礼上奔波帮忙，俨然以儿媳的身份自居，这让陆小曼如何能够咽下这口气？

得知消息的陆小曼，将这件事情视作是奇耻大辱，认为徐家看不起自己，才故意以这样的方式来羞辱她。由此她将所有的怨气都撒在了徐志摩的身上，导致夫妻之间的感情裂痕越来越大。

需要提及的是，徐志摩在和张幼仪终结了婚姻关系后，徐志摩反倒多关心起了张幼仪，有时徐志摩还会主动写信给她。比如在他刚来上海的时候，徐志摩就写信给张幼仪说："爸爸知道你们都好，尤其是欢进步很快，欣慰得很。你们那一小家庭，虽是新组织，听来倒是热闹而且有精神，我们避难人听了十分羡慕。你的信收到，万分感谢你，幼仪，妈在你那里各事都舒适……我不瞒你说，早想回京，只是走不去，没有办法。我们在上海的生活是无可说的……破客栈里困守着，还有什么生活可言。日内搬至宋春舫家，梅白路六四三号，总可舒泰些！"

对于张幼仪来说，徐志摩一直是他内心的芥蒂，当徐志摩去世后，张幼仪在回忆过往时，曾这样说道："我是秋天的一把扇子，只用来驱赶吸血的蚊子。当蚊子咬伤月亮的时候，主人将扇子撕碎了。"简简单单的一句话，却是张幼仪不平内心的情感流露。

诗人负气出国，成最后绝唱

和陆小曼之间的矛盾冲突，以及为了养家糊口每日奔波，让徐志摩日渐憔悴。他的好友胡适看在眼里，焦急担心。他想到了远在英国的恩厚之。胡适希望能够通过恩厚之的帮助，让徐志摩和陆小曼前往英国生活一段时间，除了可以由此提升徐志摩的文学素养之外，胡适也希望陆小曼可以脱离上海灯红酒绿的生活，好好地调整一下，顺便修复她和徐志摩之间的关系。

恩厚之是泰戈尔老人的英籍助手，和徐志摩也有一定的交情。他在接到胡适的信件之后，立即给徐志摩汇来了一百英镑，热情地邀请徐志摩夫妇前往英国。

谁知徐志摩满腔的热情到了陆小曼这里却碰了钉子，陆小曼听说徐志摩准备让她随之一起去英国生活一段时间，当场一口回绝。陆小曼之所以拒绝，原因在于她实在舍不得上海滩纸醉金迷的生活。至于国外的生活，陆小曼嗤之以鼻，不屑一顾。

徐志摩好言相劝，做着最后的努力，陆小曼却始终不为所动。最后无可奈何，他只好孤身一人踏上前往异国的旅途。他经日本、美国，尔后横渡大西洋到达了英伦三岛。

徐志摩在这次欧洲之行中，也没有停止给陆小曼写信，他以另一种方式来劝说他心爱的女人："在船上是个极好的反省机会，我愈想愈觉得我俩有赶快觉醒的必要。上海这种疏松的生活实在是要不得，我非得把你的身体先治好，然后再定出一个规模来，另辟一个世界，做些旁人做不到的事业，也让爸娘吐气……上海的生活想想真是糟。陷在里面时，愈陷愈深，自己也觉不到这最危险，但你一跳出时，就觉得生活不应得是这样的。"

这是他饱含真情的期盼，却始终未能令陆小曼回心转意。当轮船在汹涌的波涛中渐渐平稳下来靠岸时，徐志摩知道来到了旅途的终点。

早年间，徐志摩为了学业，曾在英国留学。那个时候的徐志摩，意气风发，志向高远，这也是他人生最为美好的回忆之一。但这次重新踏上英国的土地，徐志摩的心境却和前番大不相同，身心俱疲的他，一路上思考着和陆小曼情感纠葛的种种，不由感慨万千。

也许在冥冥之中，徐志摩潜意识地认为这是他有生之年最后一次出国了，或许这次之后，英国只能成为他记忆中的影像了，为此他专程赶到心目中的圣地剑桥大学，以寻求心灵上的慰藉。

漫步在剑桥大学校园里的草地上，故地重游，却又物是人非，种种心酸和感慨油然而生，纷至沓来。早年间他无处不在的激情和昂扬，却被残酷的现实生活消磨殆尽，感慨之下，徐志摩

挥笔写下了传世名篇《再别康桥》:

轻轻的我走了,

正如我轻轻的来;

我轻轻的招手,

作别西天的云彩。

那河畔的金柳,

是夕阳中的新娘;

波光里的艳影,

在我的心头荡漾。

软泥上的青荇,

油油的在水底招摇;

在康河的柔波里,

我甘心做一条水草!

那榆荫下的一潭,

不是清泉,是天上虹;

揉碎在浮藻间,

沉淀着彩虹似的梦。

寻梦？撑一支长篙，
向青草更青处漫溯；
满载一船星辉，
在星辉斑斓里放歌。

但我不能放歌，
悄悄是别离的笙箫；
夏虫也为我沉默，
沉默是今晚的康桥！

悄悄的我走了，
正如我悄悄的来；
我挥一挥衣袖，
不带走一片云彩。

在徐志摩众多的诗篇中，《再别康桥》是其代表作之一。通过阅读诗的全文，可以充分感受到诗人那种无处不在的苦闷和烦忧。

这次英国之行，也不全然是忧心的事情，至少徐志摩拜会了他最为敬仰的罗素先生，两人促膝长谈，这对心情忧郁的徐志摩而言，无疑给予了他很大的鼓励和安慰。

出国期间，徐志摩前前后后给陆小曼写了一百多封信，只是可惜的是，这些信或许是陆小曼保管不善的缘故，最后全部丢失了。

在英国盘桓了一段时间之后，这一年的10月，徐志摩开始启程回国，经过漫长的路程，11月上旬的时候，他重新踏上了上海的土地。

在对友人回忆起这次欧洲之行时，徐志摩说："我决意去外国时是我最难受的表示。但那时希冀她能明白我的苦衷，提起勇气做人。我那时寄回的一百封信，确是心血的结晶，也是漫游的成绩。"

都说久别胜新婚。对于陆小曼而言，却没有这种表现。出国返回的徐志摩，见到的依然是沉醉在夜生活之中的妻子，和出国之前相比，没有任何的变化，两人之间冷冷清清、平平淡淡，好似陌生人一般。

更令徐志摩苦恼的是，妻子和翁瑞午之间的绯闻也慢慢地传到了自己的耳朵里。徐志摩深知流言蜚语的传播路径，作为最亲密的人，往往是知道得最晚的一个，既然他都有所耳闻了，可见外面的风言风语已经传播到什么地步了。

徐志摩想到自己在漫漫的旅欧路程中，曾怀着满腔的热忱和希望，一封一封地给陆小曼写信，如今望着沉浸在自我欢乐世界里的妻子，作为丈夫的他仿佛成为了一个多余的人，莫非两人之间真的就这样持续冷淡下去吗？

"轻轻的我走了"：志摩殒命长空

从欧洲旅行结束之后，期望妻子有大的改变的徐志摩，依旧是失望了。陆小曼并没有因为长时间和丈夫分离而变得温柔乖巧起来，她继续延续着自己一成不变的夜生活，徐志摩在她眼里，仿佛如空气一般的存在。

妻子的冷淡，不久前母亲又病重去世，种种变故，让徐志摩的内心如同罩上了一层阴云，再也不复有阳光的照射。

在一次给林徽因接风的宴席上，徐志摩和林徽因久别重逢。细心的林徽因发现，以往意气风发、神采飞扬的徐志摩不见了，取而代之的是神情黯淡、满脸忧郁的他，一眼看去，他的情绪非常低落。

出于关心，林徽因询问徐志摩最近出了什么状况，在曾经的恋人面前，徐志摩又怎能诉说家中的是是非非呢？他只能强颜欢笑，岔开话题说："过几天我要去上海一趟，所以今天特意赶来见见你。"

林徽因告诉徐志摩，11月19日的晚上，她会在北平的协和小礼堂，举行一场有关中国建筑艺术的讲座，来宾大多是外国使节，希望徐志摩能够抽出时间参加。

听到林徽因的邀请，徐志摩难得地露出了笑脸，他高兴地说："真的吗？我算算时间，一定会赶来参加的，你知道，我向来是你最为忠实的听众。"然而，素来重承诺的徐志摩，这一次却没能兑现自己的诺言。

返回上海后，徐志摩因为生活上的事情，和陆小曼大吵了一架。冷静下来的徐志摩，想去朋友处转一转，以缓解抑郁的心境。他先是去拜访了好友刘海粟，接着又看望了另一位朋友罗隆基。一晃就要11月16日了，徐志摩心里一直惦记着林徽因的学术讲座，于是就在第二天的晚上开始收拾行囊。

徐志摩动身起程前，陆小曼询问他乘坐什么交通去北平。徐志摩想了想道："大约是坐车去吧！"陆小曼又问他会不会在南京停留，顺带看看朋友，如果那样，他乘坐火车前往北平的时间就不够用了。

徐志摩却略带轻松地说："没关系，实在不行，我还可以乘坐飞机去。前不久，航空公司的财务主任保君键给我的免费飞机票还留着呢！"

陆小曼一向不太赞成徐志摩乘坐飞机，在她的潜意识里，飞机安全性不能得到充分的保证，这一次她也一如既往地叮咛道:"你就是喜欢坐飞机,我不想你这样。"

徐志摩认为陆小曼的叮咛是女人的小心眼作怪,他不仅没有听从妻子的话语,反而开着玩笑回答说:"我又不是第一次乘坐飞机了,每次不都是平平安安吗?再说了,坐上飞机,在蓝天上翱翔的感觉是多么的奇妙啊!退一万步说,即使是坐飞机出事了,也没有什么大不了的,反正你也不担心我。"

陆小曼看到丈夫这样说,也开着玩笑道:"好吧,好吧,你就坐飞机出事好了,你不在了,我就可以随心所欲了。"

原本是戏谑之言,谁知一语成谶。18日的凌晨,为了赶路,徐志摩早早起床,他随意拿起一件不是太合身的西装裤子穿在身上,裤子上破了一个洞,他也没有发现。

他先是乘车到南京张歆海的家中。张歆海的妻子韩湘眉是个细心人,她看着徐志摩不伦不类的打扮,就劝说他换一件衣服。

徐志摩却笑着道:"没关系的,也怪我,早上起床太早了,随意拿了一件衣服穿。"

当谈到乘坐飞机的事宜时,细心的韩湘眉还刻意询问了驾驶飞机的人是否是外国飞行员。徐志摩依旧是一副大大咧咧的表情,他不以为然地回答说:"飞行员是中国人还是外国人倒也没多大问题,不论谁驾驶飞机,我都要乘坐的。"

1931年11月19号的早晨,徐志摩和何竞武一起用过早餐,看看时间差不多了,他就给林徽因去了一封电报,告诉对方,

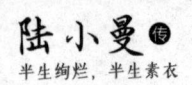

自己即将乘坐飞往北平的飞机，一定能够按时参加林徽因的学术讲座。

不曾想，这竟是徐志摩最后一次的人生旅程了。几个小时之后，他乘坐的"济南号"飞机，在济南城南州里党家庄的上空，因大雾弥漫，驾驶员的视线严重受阻，致使飞机撞上了山顶，机上的所有乘客全部遇难。

几乎与此同时，身在北平的林徽因，正忙碌着自己讲座前的准备工作。当她来到会场之后，四处寻找徐志摩的身影，却没有寻到，她想，或许徐志摩中途有事耽搁了，会晚一点到，但一定会来的。

直到讲座结束，还是没能看到徐志摩的身影。林徽因忐忑不安地回到家里，一夜辗转反侧。第二天一大早，当林徽因翻阅当日的早报新闻时，才得知徐志摩乘坐飞机失事的消息。那一刻，她突然愣住了，还以为看到的是假消息，但再三确定，消息看来是真的。事不宜迟，她和丈夫梁思成匆匆赶到了他们与徐志摩共同的好友胡适家里。

胡适看来也已经得知了这一噩耗，他神情沮丧，声音嘶哑地说："你们稍等，我现在就赶往航空公司的办公地点，确认一下究竟是否是徐志摩乘坐的那一架飞机。"

胡适这样的话语，更多的是在安慰自己。徐志摩乘坐的飞机架号确凿无疑，加上他迟迟没有露面，事情的真相即如此。

但是大家都不愿意相信这样的结果,仍期待着奇迹的出现。

中午时分,徐志摩生前的好友张奚若、张慰慈、陈雪屏、孙大雨、钱端升、饶孟侃等人纷纷赶到胡适的家里,胡适也一直在接着各方的来电,所有人都在关心着徐志摩的消息。最终确定徐志摩乘坐的那架飞机出事了。当确凿无疑的消息传来,众人都沉默不语,一直关心着徐志摩安危的林徽因,难以承受如此巨大的打击,她一下子昏倒在了椅子上。

徐志摩就这样走了,没有最后的告别,就如他在那首《再别康桥》里所写的一样:"悄悄的我走了,正如我悄悄的来;我挥一挥衣袖,不带走一片云彩……"这个世界上再也不会有第二个徐志摩了,再也不会有人在陆小曼耳边呼唤"小曼、小曼"了。

也许是冥冥之中自有天意吧,徐志摩飞机失事前后种种怪异的举动,也许在他满不在乎的表面背后,或许已经有了一丝不安的预感。同他乘坐飞机的一共三个人,这三个人都是三十六岁,当时报道该事件的《新闻报》刊载消息说:"该机于上午10点10分飞抵徐州,10点20分继续北行,是时天气甚佳。想不到该机飞抵济南50里党家村附近,忽遇漫天大雾,进退俱属不能,致触山顶倾覆,机身着火,机油四溢,遂熊熊,不能遏止。飞机师王贯一、梁壁堂及乘客徐志摩,遂同时遇难。死者三人皆三十六,亦奇事也。"时也,命也,运也,谁能说得清楚呢?

斯人已逝，此情空留余恨

徐志摩突然离世，对于陆小曼来说，让她的人生变得昏暗了起来。她无论如何都没有预料到的是，分别时还欢颜笑语的徐志摩，此刻竟与她阴阳相隔。然而再多的泪水，也难以挽回丈夫的生命。

遭受丈夫离世打击的陆小曼，仿佛一夜之间变老了。其实从有人送消息给她开始，她就犹如坠入深渊般的噩梦中，不敢相信这样的消息竟然是真的，是发生在她身上的不幸。她一直固执地认为，徐志摩在和自己开一个大的玩笑，其实他没死，他只是躲了起来，以这样的方式来惩罚她平日里对他的疏远和冷漠。也许在一个明媚的午后，徐志摩会踏着轻快的脚步，轻轻地来到她的身边，捧着她的脸笑着说："小傻瓜，是不是被吓倒了？好了，以后我再也不做这样的恶作剧了，我们好好生活，重新开始，我还是喜欢那个充满灵气的你。"

然而，这只是陆小曼脑中的幻想罢了。无论她承认与否，报纸上刊登的消息和刺眼的标题，都在时刻提醒着她，那个她深爱着的丈夫走了。

陆小曼因为徐志摩的死，悲伤到了极点。郁达夫曾见到过悲痛万分的陆小曼，他对此描写说："悲哀的最大表示，是自然的目瞪口呆、僵若木鸡的那一种样子，这我在陆小曼夫人当初接到徐志摩凶耗的时候曾经亲眼见到过。"

当徐志摩的遗体运回上海后，陆小曼见到了徐志摩留下的遗物，那是由她创作的一幅山水画长卷。这幅画卷是陆小曼在1931年春天完成的，上面有邓以蛰、贺天健、梁鼎铭、胡适、杨铨、陈蝶野等人的题跋。这一次去北平，徐志摩带在身上，想着再找一些社会名流题咏，并将其郑重地放在一个铁匣子里，这才在飞机失事时保留了下来。睹物思人，不由得悲从中来，陆小曼再次哭晕了过去。

在安葬徐志摩的那天，痛不欲生的陆小曼，数次哭昏在地上。她的哀怜和凄苦，却没有引来更多人的同情。徐志摩生前的很多好友，依然将徐志摩的死和陆小曼联系在一起，认为是她害死了他。

徐志摩的父亲徐申如，就抱着这样的成见。在他看来，如果当初徐志摩和陆小曼能够一直安安稳稳在浙江老家生活，儿子和儿媳不去充满诱惑的大上海；如果陆小曼能体贴入微、善解人意，懂得徐志摩养家糊口的艰辛，那么就不会有徐志摩的死。向来就不满意儿子和陆小曼婚事的他，此时对陆小曼更加痛恨起来。

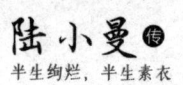

不只他人如此看待，其实在陆小曼的潜意识里，她也将自己犯下的过错和徐志摩的死之间，画上了一个等号。她也痛恨自己一直流连在虚幻的社交生活中，懵懵懂懂，迷迷糊糊。

这世间最奇怪的是感情，最复杂的也是感情。当一个人得到和拥有的时候，不知道去珍惜它、呵护它，等到有一天失去的时候，才倍觉珍贵。陆小曼在徐志摩死后，好似一下子从荒唐的迷梦中惊醒了一般，直到此时，她才知道自己生活中最重要、最需要的人是谁。

有徐志摩陪伴的日子里，往往到了中午时分，陆小曼才起床梳妆打扮，一旦华灯初上，便是她最为活跃的时候，参加各种聚会和应酬。但是当徐志摩真的离开了，陆小曼顿觉生活索然无味。她整日枯坐在家中，痴痴地眺望着远方，不知在思索着什么。

她不敢闭上眼睛。一旦闭上眼睛，徐志摩笑意吟吟的身影和面孔就会闪现在她的脑海里，是那样的真实，又是那样的虚幻。在她过往的生命里，陆小曼从来没有像此刻这样思念一个人。

院子的花儿也是一副无精打采的样子，她和徐志摩一起赏花的情景，还历历在目，只是花犹在，人已逝，今生今世，那个令她心动的男人不能再陪着她一起赏花吟诗了。

也许是出于一种赎罪的心理，也许是太过想念徐志摩，在陆小曼的房间里，她于最醒目的位置，将徐志摩的一张照片悬挂其上。家中除了她之外，任何人都不能去碰触那张照片。照片一悬挂就是几十年,一直陪着陆小曼直到她离开人世。

月有阴晴圆缺,人有悲欢离合。此情可待成追忆,只是当时已惘然。一个人一旦离去了,就再也不会回来了。所有的曾经,都成为过眼云烟。

徐志摩死后,他生前的一些好友陆续中断了和陆小曼的联系。

1932年,徐志摩的追悼会在海宁硖石召开,对陆小曼颇有怨气的徐申如不让这个儿媳参加。无奈之下,陆小曼只能以一副挽联来表达对徐志摩的哀悼:

多少前尘成噩梦,五载哀欢,匆匆永诀,天道复奚论,欲死未能因母老;

万千别恨向谁言,一身愁病,渺渺离魂,人间应不久,遗文编就答君心。

徐志摩走了,寡居的陆小曼,渐渐地淡出了世人的视线,酒会、牌桌、舞厅,也少了陆小曼的身影。正如徐志摩的好友陈定山先生在《春申旧闻》中写道:"志摩去世后,她素服终身,从不见她去游宴场所一次。"

没有了徐志摩,陆小曼深居简出,过着低调安静的生活。失去了徐志摩的陆小曼,就仿佛失去了水的鱼儿一样,广阔的大海再也不能任由她自由自在地遨游了,以后漫漫孤寂的人生路,只有她一个人去独自面对和承受。

编书缅怀：为亡夫出版文集

陷入失去徐志摩痛苦之中的陆小曼，在一段时间的沉沦后，突然意识到，是否应当为徐志摩做一些事情呢？回想起徐志摩曾多次提出希望陆小曼能够为自己的书作序，当时不以为意的她，一直以各种理由推脱。虽然陆小曼看到了徐志摩脸上失望的神情，不过她一直认为来日方长，会有机会帮助徐志摩完成这一任务的，谁知变故突来，两人就此阴阳相隔。陆小曼决定，拿出自己所有的时间，付出她所有的力量，为徐志摩编写出版文集。

作出这一决定是需要很大勇气的。文集的编写出版，是一件耗时耗力的工作，陆小曼深知其中的艰难，但这是她能够力所能及地为徐志摩所做的事情了，她希望以这样的方式来求得徐志摩的原谅。

陆小曼曾提笔给胡适写信，说："看看我的白发老娘，还是没有勇气跟着志摩飞去天外，看来我的罪尚未了清，我只得为他再奋斗一下……我，生前无以为他，只得死后来振一振我这一口将死的气,做一些他在时盼我做的事吧。"

陆小曼的性格之中,也有坚毅的一面,一旦决定了要做一件事情,就会马不停蹄地去实施它,完成它。当然,凭借她一己之力恐怕很难完成这份繁重的编写任务,陆小曼开始四处物色人手,寻求他人的帮忙。

在她的努力下,徐志摩的学生赵家璧慷慨应允,协助陆小曼一起完成这一艰巨的任务。其实能够得到赵家璧的协助,起因也非常偶然。原来徐志摩在去世前,曾创作了一篇作品《秋》,留在了赵家璧的手中。赵家璧想要将其发表出去,以此来祭奠恩师。他还有一个小小的心愿,希望在发表的时候,能够配上恩师的一张照片。为此他找到了陆小曼,两人聊起徐志摩生前的种种,赵家璧得知了陆小曼希望出版《徐志摩文集》的心愿,热心的他,当场答应愿意给陆小曼提供尽可能的帮助,以完成恩师的遗愿。

两人很快做了简短的分工,分头搜寻徐志摩发表在全国各地以及国外的文章、资料等。赵家璧还承担了访问徐志摩生前好友的工作,掌握了翔实丰富的第一手资料。

1931年12月,邵洵美邀请陆小曼为徐志摩的遗作《云游》作序。陆小曼欣然答应,她提笔哀思,以饱满深情的笔调在序言中写道:"我现在居然还有同志摩写一篇序的机会,这是我早就答应过他而始终没有实行的,将来我若出什么书是再也得不着他半个字了,虽然他也早已答应过我的……我眼前只是一

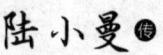

阵阵的模糊,伤心的血泪充满着我的眼眶,再也分不清白纸与黑墨。志摩的幽魂不知到底有一些回忆能力不?我若搁笔还不见持笔的手!"序言中字字句句,无不真情流露,都是陆小曼的肺腑之言,只是斯人已逝,令人遗憾。

在陆小曼和赵家璧的努力下,陆小曼先后出版了徐志摩的《眉轩琐语》和《爱眉小札》,书中主要收录了徐志摩在北平、上海两地生活时所写的日记、信件等,里面也有一部分陆小曼自己的日记。

陆小曼之所以给这本书取名《爱眉小札》,是因为里面的"眉"字即是陆小曼的名字。这些日记中,内容大多都是徐志摩和陆小曼热恋时期的心灵感受,充满了甜蜜的味道。

比如在一封徐志摩写给陆小曼的信中,他以无比爱恋的笔吻写道:"我不在时你想我,有时很热烈地想我,那我信!但我不在时你依旧有你的生活,并不是怎样地过不去;我在你当然更高兴,但我所最要知道的是,眉呀,我是否你'完全的必要',我是否能给你一些世上再没有第二人能给你的东西,是否在我的爱你的爱里你得到了你一生最圆满、最无遗憾的满足?这问题是最重要不过的,因为恋爱之所以为恋爱,就在它那绝对不可改变不可替代的一点。"

《爱眉小札》于1936年徐志摩诞辰四十周年出版的时候,很快引起了轰动,一时间洛阳纸贵,人人以亲眼品读为荣。

在整理出版了《爱眉小札》之后,陆小曼还倾心梳理了徐志摩生前所有的日记，合辑为《志摩日记》。在书的序言中，陆小曼以无限深情的笔调写道："飞一般的日子又带走了整整的十个年头儿，志摩也变了五十岁的人了。若是他还在的话，我敢说十年决老不了他——他还是会一样的孩子气，一样的天真，就是样子也不会变。可是在我们，这十年中所经历的，实在是混乱惨酷得使人难以忘怀，一切都变得太两样了，活的受到苦难损失，却不去说它，连死的都连带着遭到了不幸。《志摩全集》的出版计划，也因此搁到今天还不见影踪……于是我把自己'良友'按约收回的《爱眉小札》的版权和纸型交给他们，另外拿了志摩的两本未发表的日记和朋友们写给他的一本纪念册，一起编成这部《志摩日记》。虽然内容很琐碎，但是当作纪念志摩五十诞辰而出版这本集子，也至少能让人们的脑子里再涌起他的一个影子吧！"

然而，在出版《徐志摩全集》的时候，中间经历了很多的波折。按照徐志摩生前好友胡适的意见，全集交给商务印书馆出版，商务印书馆给的稿酬也不菲。陆小曼就听从了胡适的意见，将版权授予了商务印书馆。

谁知在商务印书馆准备出版这本全集时，恰巧日军大举侵华，上海被日军侵占，商务印书馆只得整体搬迁，出版的事宜一再搁浅了下来。抗战结束后，陆小曼和商务印书馆联系，催问此事，得知在书馆搬迁过程中，书稿不慎丢失，陆小曼听闻这一消息后，后悔万分。

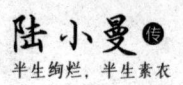

庆幸的是，香港商务印书馆编审部的工作人员非常细心，他们将书稿完整地保留了下来。陆小曼得知后，万分感谢，她赶忙找到了赵家璧商量此事，最后达成的意见是，鉴于局势的动荡，书稿暂且不予出版。

就此《徐志摩全集》的出版工作一再耽搁，直到陆小曼去世，她也未能了偿心愿。1983年，在商务印书馆香港分馆综合编辑部的努力下，这本整整耽搁了将近半个世纪之久的《徐志摩全集》，才正式出版问世。

第四章 爱人和友人：日久见人心

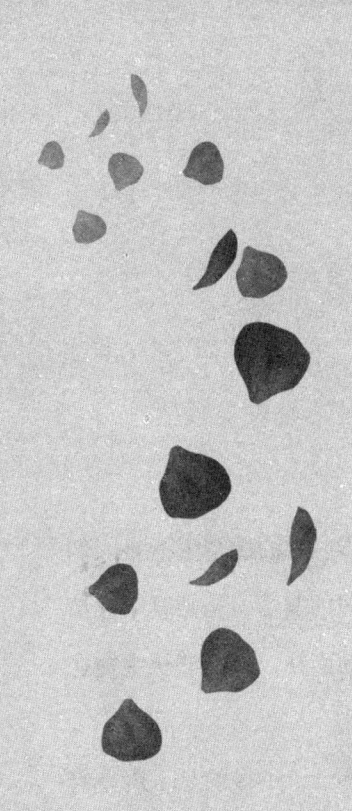

　　王亦令在《忆陆小曼》一文中这样评价陆小曼："凡是认识陆小曼的人，几乎异口同声称赞她宅心忠厚、待朋友热情、讲究义气。甚至有人作出这样的评论：男人中有梅兰芳，女人中有陆小曼，都是人缘极好，只要见过其面的人，无不被其真诚相待所感动。她绝不虚情假义敷衍他人，而是出于一片赤子之心。"

前夫王赓和友人胡适

陆小曼的前半生，充满了传奇色彩。她的感情生活是人们茶余饭后津津乐道的谈资；她与友人间的友情，是她直率性情的流露。无论是婚姻还是和朋友之间的交往，都能够从中窥探到她性情中的另一面。

陆小曼与第一任丈夫王赓之间的感情，更多的是王赓爱着陆小曼，陆小曼虽然对她的这位夫君有一定的好感，却始终没有走入对方的心里。

大度的王赓，在得知陆小曼和徐志摩之间有了真感情后，虽然他也无比痛苦，不过在一番深思熟虑之后，决定放手以成全两人。从这一点上看，王赓是一个拿得起、放得下的真男儿。王赓这样的大度、善良和宽容，让人不禁对他充满了敬意。

正如陆小曼的侄孙陆邱权所评价的那样："王赓这个人太善良，他把所有人想得都是和他一样，所以觉得自己没空，那么徐志摩是我的好朋友，那你正好可以帮我这个忙，把我太太精神上面的寂寞和空虚可以解决。后来我姑婆和王赓离婚的时候,她已经怀孕了,但是姑婆非要把这个孩子给打掉,那个社会里,堕胎好像是很不传统的那么一回事,但是我姑婆是很坚持(堕胎)。"

1942年,在抗战中期,中国派出军事代表团前往美国访问,王赓作为军事代表团的团员,随行前往。在走到埃及开罗的时候,王赓不幸染病身亡,时年四十八岁。

也有传言,说王赓在和陆小曼离婚后,又婚娶了一名女子,两人还生育了一个可爱的孩子,后来王赓去世后,这个孩子由他的弟弟抚养成人。但孰真孰假,随着王赓的去世,很难去确凿求证了。

王赓就这样悄悄地走完了自己的一生。其实在徐志摩和陆小曼的爱情中,王赓不能被忘记,正是他的大度和宽容,才成就了徐志摩和陆小曼。

在徐志摩和陆小曼众多的友人中,胡适是一个不得不提的重要人物,他也是陆小曼和徐志摩之间感情的重要见证者之一。

在民国时期,胡适绝对是一位风云人物。1891年,祖籍徽州绩溪的胡适,少年时期接受了新式教育,在他前往上海读书的时候,母亲自作主张,为他订下了一门婚事,女方名叫江冬秀。

尽管对包办婚姻非常不满,不过出于对母亲的尊重,1917年,胡适在获得了美国哥伦比亚大学的哲学博士学位之后,回国和江冬秀成婚了。

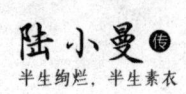

婚后的胡适，家中有了江冬秀这样一个贤内助，事业上取得了很大的发展。作为我国新文化运动的领袖之一，同时也是第一个提倡使用白话文、写作新诗的人，胡适在中国现代文学史上的地位不言而喻。

胡适和陆小曼的相识，甚而早于徐志摩。他和陆小曼之间的情感，令人扑朔迷离，似乎超越了普通朋友的范围。

比如在徐志摩去世后，陆小曼和胡适之间信件来往不断，其中有这样几封信，让人疑窦顿生："我们虽然近两年来意见有些相左，可是你我之情岂能因细小的误会而有两样么？你知道我的朋友也很少，知己更不必说，我生活上若不得安逸，我又何能静心的工作呢？这是最要紧的事。你岂能不管我？我怕你心肠不能如此之忍吧！"

"我同你两年来未曾有机会谈话，我这两年的环境可说坏到极点，不知者还许说我的不是，我当初本想让你永久的不明了，我还有时恨你虽爱我而不能原谅我的苦衷，与外人一样的来责罚我，可是我现在不能再让你误会我下去了，等你来了可否让我细细的表一表？因为我以后在最寂寞的岁月愿有一二人，能稍微给我些精神上的安慰。"

从这两封信中不难看出，陆小曼和胡适之间，绝非寻常的关系。而且当年陆小曼请求胡适帮忙的时候，胡适提出的一个条件就是要让陆小曼离开翁瑞午，来他所居住的城市北平生活，一切日用开支由胡适全权负责。

只是陆小曼出于种种考虑，拒绝了胡适的要求，自此之后，胡适对她便冷淡了很多。两人之间的情感逐渐产生了裂痕，无论是友情也好，还是暗中爱慕的情愫也罢，他们渐渐断了联系，直到互不联系。

第四章 爱人和友人：日久见人心

令才女心生醋意的俞珊和挚友赵清阁

　　徐志摩眼里，陆小曼是他的唯一；陆小曼眼里，徐志摩是她冲破婚姻围城最理想的伴侣。作为当时红遍大江南北、名播京城内外的名媛，陆小曼和徐志摩缔结连理后，竟然也害怕夫君移情别恋。这是哪一位女性有如此大的魅力，让徐志摩心动，让陆小曼醋意暗生呢？她就是在当时荧屏上出尽风头的女演员——俞珊。

　　俞珊出生于 1908 年，老家浙江山阴。俞珊家世显赫，出身名门望族。她的祖父俞明震，作为鲁迅的老师，曾担任过学堂监督一职；祖母是晚清名臣曾国藩的孙女。

　　早年间，俞珊就读天津南开女中，后从南京金陵大学毕业。有着戏剧表演天赋的她，被田汉挖掘，成为南国社的重要成员，主演了多部话剧，名气也不胫而走。

　　在众多喜欢俞珊的粉丝中，有一个特别的人物，他就是徐志摩。

徐志摩那时已经和陆小曼成婚了，并在南国艺术学院担任教师，因此慢慢和俞珊熟悉起来。

徐志摩只是单纯地喜爱俞珊的表演吗？显然不是。在徐志摩的书房里，曾保留有一张俞珊的剧照。照片旁边，徐志摩还挂着俞珊的一件舞衣。舞衣的旁边，是妻子陆小曼穿过的鞋子。这样的布置，难免让人浮想联翩，看来俞珊的倩影，已然走入了诗人的内心深处！

陆小曼很快察觉了丈夫的"隐私"。在爱情方面，陆小曼不可能大度到让自己的丈夫心里面"住着"另外一个女人。她对丈夫的"移情别恋"，自然大为不满。

而为了演好剧中的角色，俞珊也经常不请自来，到陆小曼和徐志摩居住的地方请教。看着两人亲密地沉浸在艺术的世界里，冷落了自己，陆小曼不由得醋意大发。有一次，俞珊前脚刚刚离开，陆小曼扭头就对徐志摩动了肝火，指责他和俞珊关系太过亲近。

陆小曼吃醋也是有原因的。如果是一般的女子，根本不会让陆小曼生出"对手"的感觉。俞珊却不同，身上洋溢着青春活力和蓬勃朝气，自然有不少女人羡慕嫉妒的地方。在徐志摩所交往的异性中，俞珊对她而言，是潜在的、最大的"威胁"！她担心浪漫多情的丈夫，经不起美色的诱惑，拜倒在对方的石榴裙下。

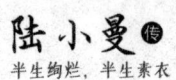

只是很快俞珊这个潜在"威胁"便不存在了。俞珊在父亲的逼迫下，忍痛退出了她心爱的舞台表演，后来又和年长她二十多岁的国立山东大学校长赵太侔结婚，渐渐沉寂了下来。

陆小曼一生中的知己朋友并不多，大多是社交场合应酬交际的匆匆过客，和赵清阁成为知己，则是徐志摩去世之后的事情了。

赵清阁出生于河南信阳，是现代著名的女作家、编辑家和画家，曾用笔名清谷、人一等，和齐白石、郭沫若、茅盾、老舍、刘海粟等人交情深厚。

她和陆小曼的相识，是在抗战刚刚结束的时候。那时的陆小曼，在徐志摩的离世后，远离了喧嚣热闹、灯红酒绿的社交活动，几乎处于闭门谢客、素面朝天的生活状态。

赵清阁曾以第三人称的角度，回忆第一次和陆小曼相见的场景："那是一个最好的日子，冷，却出了太阳；冷，澄清了她忙乱的心情，太阳引她出去走走的兴趣，于是决定去访被人遗忘的陆小曼。"

1945年，徐志摩离开这个世界已有十四个年头。这一年，陆小曼四十三岁，赵清阁三十一岁。两人相见之后，敞开心扉的赵清阁打开了陆小曼紧闭的心门。感情上同样受过伤害的她，迅速拉近了和陆小曼之间的距离，她们很快成为无话不谈的好朋友。

赵清阁鼓励陆小曼振作起来,投入文学创作中去,试着改变每天沉迷鸦片的窒息生活。经过赵清阁多次劝说,陆小曼犹犹豫豫地拿起笔,想要创作一篇中篇小说。

但习惯了以鸦片作为精神寄托的她,提起笔写作谈何容易,因此她能够坚持完成作品的创作,需要极大的毅力。

这份艰辛,也体现在陆小曼写给赵清阁的信中:"今夏酷热,甚于往年,常人都汗出如浆,我反关窗闭户,僵卧床中,气喘身热,汗如雨下,日夜无停时,真是苦不堪言。本拟南京归来即将余稿写完奉上,不想忽发喘病,每日只能坐卧,无力握笔,不知再等两星期可否?我不敢道歉,我愿受责。"

陆小曼感谢赵清阁的鼓励和支持,对于一直迟迟不能完成的文学创作,也倍感"惶恐"。1947年,她终于完成了《皇家饭店》这部作品的写作。虽然篇幅不长,但对于处于生命低谷期的陆小曼而言,是一个不小的激励和慰藉。况且这也是陆小曼人生中第一部也是最后一部小说作品。没有赵清阁,或许就不会有这篇小说的问世。

陆小曼和赵清阁的友谊是真挚热烈的。向来随心所欲的陆小曼,竟然能抽出时间,亲手编织了一件白色细绒线的背心送给赵清阁。赵清阁也非常珍视这份友情,这件背心一直陪伴到她生命的尽头。

1965年,当陆小曼自感生命无多时,曾拜托赵清阁,请求在她去世之后,帮忙将自己和徐志摩合葬在一处。

几天后,陆小曼病重去世。赵清阁为完成陆小曼的遗愿,几经奔走,试图说服徐志摩的后人,但最终未能如愿。

张幼仪与林徽因

在陆小曼和徐志摩的婚姻中,张幼仪是一个无论如何也绕不过的人物。毕竟,张幼仪是徐志摩的结发妻子,只是因为有了陆小曼,她才成为一个前妻的存在。

张幼仪出身大户人家,进过学堂,念过书。在那个时代,张幼仪也算是一位知书达理的知识女性了。不过和才华横溢、有过留洋背景的徐志摩相比,她读过的几年书,就显得有些落后了。也难怪当年媒人将张幼仪的照片送给徐志摩看时,他脱口而出:"乡下土包子。"

其实这样伤人的话语,对张幼仪非常不公平。然而当时心高气傲的徐志摩,就是戴着"有色眼镜"来看待他的未婚妻的。或许他反感的不是张幼仪,而是封建包办婚姻,由此才连带张幼仪也跟着受了"委屈"。

真实的张幼仪,一点也不土。在现存她的照片上,我们看到的是一位充满微笑、端庄大方的时代女性,她大大的眼睛中,盈满了灵动的气息,令人一看就印象深刻。当然,如果非要和

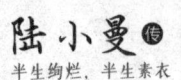

出类拔萃的陆小曼、林徽因相比,她的姿色和风韵,还是差了那么一点。对此,张幼仪本人也不否认。

张幼仪曾写有一本回忆录,书名叫《小脚和西服》,书中记述了她和陆小曼相见的场景。那时的徐志摩已经和她离了婚,与陆小曼新婚燕尔。恰巧胡适请客,几人坐在了一起。

张幼仪在书中写道:"光润的皮肤,精致的容貌。她讲话的时候,所有男人都被她迷住了。饭局里,她亲昵地喊徐志摩'摩'和'摩摩',他也亲昵地叫她'曼'和'眉'。他对她说话的态度是那么有耐心,那么尊重她。这一切我都看在眼里,让我想起他以前跟我说话的情形,总是短促而草率。那晚我的话很少,几乎没有说什么。然而我的感觉却又那么强烈。和陆小曼坐在一个饭桌上,我才知道我不是一个美丽的女人,不像别的女人那样。我做人态度很严肃,因为自己是受过苦的人。"

从这段回忆中可以看出,张幼仪还是有点在意自己的相貌的,毕竟她在徐志摩的眼里,一直是"乡下土包子"的存在。这份心结,又岂是随意谈笑就可以放得下呢?

不过失落归失落,在人生的另一个舞台上,张幼仪还是活出了精彩的自我。她在和徐志摩离婚之后,并没有自怨自艾,反而积极进取。她刻苦补习自己的文化知识,开过服装公司,做过银行副总裁,懂管理,善经营。尤其是她创办的云裳服装公司,是中国第一家新式服装公司。当时的人们,以能购买到她家公司的产品为荣。而在经营服装公司的同时,张幼仪也注重起个人的梳妆打扮，不再是徐志摩眼中的"乡下土包子"形象。

离开徐志摩后，张幼仪的人生无疑是成功的，开创了属于自我的一片天地。当有人询问她是否爱过徐志摩时，情商极高的她，给予了这样的一个回答："你晓得，我没办法回答这个问题。我对这个问题很迷惑，因为每个人总告诉我，我为徐志摩做了这么多事，我一定是爱他的。可是，我没办法说什么叫爱，我这辈子从没跟什么人说过'我爱你'。如果照顾徐志摩和他家人叫作爱的话，那我大概是爱他的吧。在他一生当中遇到的几个人里面，说不定我最爱他。"

这就是张幼仪，理性大度，温顺随和。对于陆小曼，她也能宽容以待，毕竟是在她和徐志摩结束婚姻之后，徐志摩才爱上陆小曼的，在爱情中，其实并没有真正的对与错。

张幼仪之后，陆小曼之前，在徐志摩的感情世界里，林徽因无疑占据着极为重要的地位。

林徽因自小就是美人坯子，相貌出众，端庄秀丽，正如著名作家文洁所称赞的那样："林徽因是我平生见过的最令人神往的东方美人。她的美在于神韵——天生丽质和超人的才智与后天良好高深的教育相得益彰。"

诗人卞之琳也为林徽因优雅的气质和丰富的学识而倾倒："她天生是诗人气质，酷爱戏剧，也专门学过舞台设计，却是她的丈夫、中国建筑史名家梁思成的同行，表面上不过主要是后者的得力协作者，实际却是他灵感的源泉。"

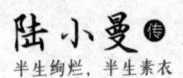

在林徽因的一生中，不乏众多追求者。除了我们所熟知的徐志摩、梁思成外，还有金岳霖等著名学者，他们无不倾慕林徽因的才情和容貌，被她高雅的气质所征服。

即使是梁思成的第二任妻子林洙，在见到林徽因的照片后，亦惊为天人。她以感性的口吻回忆道："我的注意力被书架上的一张老照片吸引住了，那是林徽因和她父亲的合影。看上去林先生（徽因）当时只有十五六岁。啊，我终于见到了这位美人。我不想用细长的眉毛，大大的眼睛，双眼皮，长睫毛，高鼻梁，含笑的嘴，瓜子脸……这样的词汇来形容她，不能，在我可怜的词汇中找不出可以形容她的字眼，她给人的是一个完整的美感：是她的神，而不是全貌，是她那双凝神的眼睛里深深蕴藏着的美。"

林徽因和陆小曼原本并不相识，只是徐志摩的存在，让这两个人生并无交集的人，建立起了一种别样的联系。

徐志摩在伦敦求学的时候，结识了林徽因，对这位气质高雅、容貌秀丽、才思聪敏的姑娘一见倾心，于是展开了对林徽因的热烈追求，并不惜和原配张幼仪离婚，大有"破釜沉舟"的势头。

但姻缘造化，林徽因最终选择了梁思成，才子佳人未能成眷属，他们之间的友谊一直持续着，维系着。

因为林徽因，徐志摩人生中曾有一段至暗的时刻，直到遇上了陆小曼。

林徽因和陆小曼，都是民国时期屈指可数的大才女，她们身上有着共性的地方，同样出身名门望族，在各自的社交圈内都是声名远播。但在共性之外，她们却又各有千秋。

陆小曼作为陆家唯一的孩子，被中年得女的父母视作掌上明珠，凡事都依着她、顺着她。在这样一个家庭环境中长大的她，难免养成一种刁蛮任性的习气。她坚决和王赓离婚，投入徐志摩的怀抱；在上海十里洋场生活，出手阔绰，衣着华贵，丝毫不能设身处地地为徐志摩考虑，从而最终酿成了两人之间的爱情悲剧。

林徽因虽然也是大户人家的女儿，不过她自幼跟随祖父母生活，没有像陆小曼那样肆意挥霍青春和感情，温婉内敛是大家对她的一致评价。

所以同为才女，两人的人生路径大不相同。陆小曼在她最为宝贵的青春年华里，将时间大把大把地浪费在了应酬交际上。林徽因却能在建筑艺术领域取得不菲的成就，毕生勤奋努力，难能可贵。

如果没有徐志摩，或许陆小曼只是一位社交名媛而已，如一颗石子投入湖中，仅仅激起一圈涟漪而已，最终会归于沉静。但正因为和徐志摩的故事，让陆小曼在历史的长河中，也留下了深深的印记。

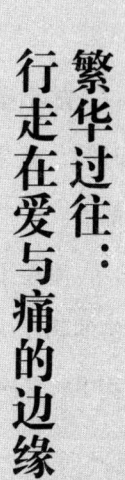

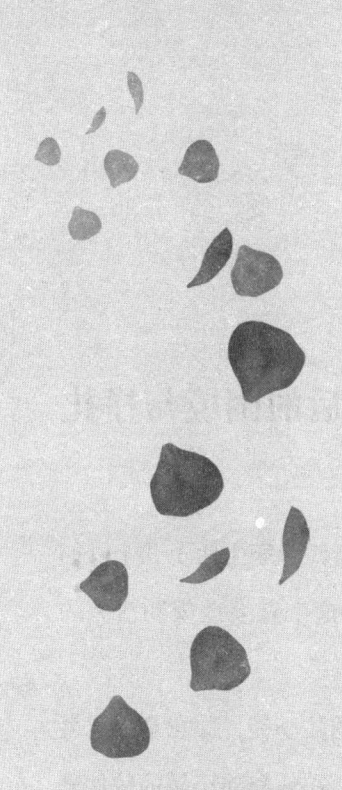

第五章 繁华过往：行走在爱与痛的边缘

从喧嚣的舞会中抽身，思念徐志摩又自责自己的陆小曼，为了减轻身体的病痛，终日和鸦片相伴。她试图逃避现实，麻醉自我。在这种矛盾的生活煎熬下，她和翁瑞午走在了一起，一个没有丈夫名分却又胜似丈夫的男人，陪着她走过了冷冷清清的后半生。

陆小曼 传
半生绚烂，半生素衣

纸醉金迷的生活：繁华背后的困境与挣扎

陆小曼和徐志摩结婚后，仅仅在浙江老家生活了几个月的时间，就果断地搬离，重新返回上海这个充满欲望和活力的都市。

流连于牌桌、舞厅以及票友堂会的陆小曼，肆意享受着奢侈的物质生活，这让徐志摩不堪重负。在他和陆小曼的信件来往中，多次谈到了对钱的焦虑和渴望。

"我至爱的老婆：钱的问题，我是焦急得睡不着。现在第一盼望节前发薪，但节前有，寄到上海定在节后……我不知如何弥补得来？借钱又无处开口。钱真可恶，来时不易，去时太易。"

"至爱妻眉：银行二十三来信，尚欠四百元，连本月房租共欠五百有余。如果你那五百元是在二十三以后，那便还好，否则我又该急得不得了！请速告我。车怎样了？绝对不能再养了……明天我叫图南汇你二百元家用（十二月份），但千万不可到手就宽，我们的穷运还没有到底，再不小心便不堪设想。"

为了维持生计,为了不降低陆小曼的生活质量,徐志摩不得不在多地奔波任教,以赚取更多的金钱来供养她。

尽管徐志摩为了生计疲于奔命,可是对于陆小曼来说,她不仅没有设身处地地为徐志摩着想,却还以抱怨的口吻对郁达夫之妻王映霞说:"照理讲,婚后生活应过得比过去甜蜜而幸福,实则不然,结婚成了爱情的坟墓。徐志摩是浪漫主义诗人,他所憧憬的爱,最好处于可望而不可即的境地,是一种成无缘纱的爱。一旦与心爱的女友结了婚,幻想派灭了,热情没有了,生活便变成白开水,淡而无味。徐志摩对我不但没有过去那么好,而且干预我的生活,叫我不要打牌,不要抽鸦片,管头管脚,我过不了这样拘束的生活。我是笼中的小鸟,我要飞,飞向郁郁苍苍的树林,自由自在。"

刁蛮任性的陆小曼,让徐志摩无计可施,他试图劝说她,但每次都白费力气,陆小曼依旧我行我素,大手大脚惯了的她,加上虚荣心作祟,根本停不下奢靡的生活享受。

1931年3月19日,徐志摩从北平写信给陆小曼,信中满是焦虑和痛苦:"我守了几年,竟然守不着一单个的机会,你没有一天不是engaged(已订约的),我们从没有privacy(隐私,秘密)过。到最近,我已然部分麻木,也不向往那种世俗幸福。"

这一年的6月25日,徐志摩在另一封写给陆小曼的信中,再次带着怒气说:"……别的人更不必说,常年常日不分离。

就是你我,一南一北。你说是我甘愿离南,我只说是你不肯随我北来。结果大家都不得痛快。但要彼此迁就的话,我已在上海迁就了这多年,再下去实在太危险,所以不得不猛省。我是无法勉强你的;我要你来,你不肯来,我有什么法想?明知勉强的事是不彻底的,所以看情形,恐怕只能各行其是……我真也不知怎样想才好!"

在这封信的几个月后,为了生计奔波的徐志摩,因飞机失事而亡,留下陆小曼一人在后半生中自责追悔。

陆小曼除了打牌、跳舞之外,最喜爱的一项社交活动便是唱戏演戏,充当票友。她热衷舞台上被众星捧月、万众瞩目的感觉,也喜欢出面组织赈灾义演等活动,享受着被人们争相夸赞的虚荣。

有几次,就连徐志摩也被陆小曼叫到舞台上,演一些无足轻重的配角。生性好静的徐志摩,不太喜欢被人们注视的感觉。

不过陆小曼却乐此不疲,也正是在客串演戏的过程中,结识了她生命中的第三个男人——翁瑞午。

翁瑞午是吴江人,世家子弟出身。小时候一直和父亲在香港生活,后回到上海,四处拜师学艺,在诗词、绘画方面都有所涉猎。

不过他最热爱的还是戏剧艺术,精通京戏昆曲的艺术表演,尤其擅长青衣。梅兰芳先生就对他十分推崇,曾在《舞台生活四十年》中写道:"中国有两位京剧名票,北为蒋君稼,南为翁瑞午。两人曾多次登台演出，还出过唱片，享誉长江南北。"

能够得到大师梅兰芳的赞誉，可见翁瑞午绝非泛泛之辈，在戏剧表演方面，已窥殿堂之门。除京剧表演之外，他还有一手推拿的绝活，享有盛名，并以此为生。他回到上海后，尽管当时只有二十来岁，却在上海滩开门行医，名气也越来越大。

翁瑞午为人性格随和，健谈幽默，在多个领域都有专长，所以陆小曼同徐志摩与他结识后，三人很快成为无话不谈的好朋友。

尤其是陆小曼，她最开始接近翁瑞午，是因为和徐志摩生活中的种种矛盾。心情郁闷的她，愿意让幽默风趣的翁瑞午开导自己，慢慢地，两人之间越发熟悉起来。

另一个原因是陆小曼需要翁瑞午的推拿技术。陆小曼体弱多病，一旦和徐志摩发生争吵，就会加重她的病情。每当这个时候，只要让翁瑞午上手给她推拿按摩一番，陆小曼的病情就会大大缓解。

看到妻子适应翁瑞午的治疗手段，徐志摩也就默许了他们私下里的单独相处。令徐志摩没想到的是，在翁瑞午的建议下，陆小曼竟然迷上了鸦片。

有一次，陆小曼的腰疼病又犯了，翁瑞午过来调理后，很快得到了缓解。

陆小曼在闲聊时，突然问翁瑞午："我经常犯病，可是你不可能每次都在我身边，如果那样，我该怎么办呢？"

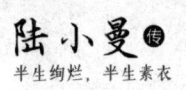

翁瑞午想了想道:"抽吸鸦片可以缓解!"陆小曼依言而行,在尝试了一两次之后,便再也离不开鸦片的麻醉了。

爱上吸食鸦片的陆小曼,自然也背离了她吞云吐雾的初衷。原本只是为了缓解自己身上的病痛,可是渐渐地上瘾成性。每当翁瑞午来为她按摩之后,两人便横躺在客厅的沙发上,一副瘾君子的模样。

对此,要说徐志摩没有一点不舒服的感觉,那是自欺欺人。为了这个家,为了维持陆小曼庞大的生活开支,在多地奔波劳累的他,想一想家中心爱的妻子,却和别的男人在一起吞云吐雾,肆意快活人生,再有度量的男人,恐怕心里面也会有阴影吧?

这一点在1931年3月19日,从徐志摩写给陆小曼的信中就可以看出端倪。他这样写道:"前三年你初沾上吸烟时候,我心里不知有几百个早晚,像有蟹在横爬,不提多难受。但因你身体太坏,竟连话都不能说,我又是好面子,要做西式中士的,所以至多只是短时间绷张一个脸,一切都忧在心里……招惹了不少流言,我亦未尝不私自难受,但实因爱你太深,不惜处处顺着你……"

徐志摩曾多次劝说陆小曼和自己一起去北平生活,陆小曼却始终不同意。在她的眼中,上海这座大都市,仿佛就是她的根,至于什么出国游学、和徐志摩迁居北平,她想也没有想过。

苦口婆心劝说了多次,徐志摩难免会有不满情绪流露的时候,他在写给陆小曼的信中说:"你所说的不舍得抛下母亲,独自来到北平的话，完全是借口。因为我在北平已有了住处，而且这里的房间很宽敞，不像上海那样拥挤。你若想和母亲在一起，我自然会把母亲也一起接过来。这并不是什么解决不了的困难，你之所以说这些，不过是想找借口拒绝。在我看来，不愿离开母亲是假的，不愿离开上海才是真的。"

正如徐志摩所言，陆小曼就是不愿意离开这个让她出尽风头的地方，她喜欢享受这里的一切，喜欢肆意挥霍的生活。

没多久，徐志摩再次写信给她，这次他换了一种语气，希望能用真情打动她："你怎么忍心和我分居两地……这次可不同，如果我现在不回，到年假尚有两个多月，虽然时光易逝，但我们是恩爱夫妻，是否有此分离之必要？眉，你到哪天才肯听从我的主张？我一人在此，处处觉得不合适；你又不肯来，我为责任所羁，这真是难死人也！"

信件发出去之后，犹如石沉大海，徐志摩始终难以让陆小曼改变心意。

没有爱情,只有感情

　　吸食鸦片,虽然在一定程度上缓解了陆小曼潜在的身体病痛,然而也对她的精神意志带来了严重的冲击,甚而加重了她的肠胃疾病。陆小曼原本肠胃就不好,吸食鸦片之后,经常性便秘,这让她痛苦不堪。

　　时间长了,吸食鸦片的人的鼻子下方,会被烟雾熏出一片很不雅观的印痕,黑黑的烟渍非常难看。爱美的陆小曼,每天不得不花上一部分时间,用嫩豆腐去除鼻子下面的烟痕。

　　在鸦片的侵蚀下,本就体弱的陆小曼,变得更加柔弱、懒惰起来。曾经她和徐志摩夫唱妇随的温馨画面不在了,她再也没有时间和精力陪着徐志摩吟诗作画,灵性和优雅的气韵也慢慢地一点一点从陆小曼的身上消失殆尽。

　　徐志摩去世之后,处于痛苦状态中的陆小曼,很长一段时间内足不出户,每日以泪洗面。为了安慰陆小曼,翁瑞午只要有空闲,就会过来和陆小曼闲聊。

　　徐志摩的父亲很快得知了这一情况,原来他让里弄的看门人暗中给他通报消息。他给陆小曼去信，说她如果再和翁瑞午来往亲密，不顾及徐志摩的声誉和名声，就停掉对陆小曼生活的资助。

陆小曼将信件拿给翁瑞午看后，性情一向温和的翁瑞午发怒了，认为自己受到了侮辱。既然如此，他干脆搬到了陆小曼住处，另外安设一张床铺，并且承诺负责陆小曼今后的一切生活开支，不再看徐父的脸色。

其实除了徐父资助陆小曼，徐志摩的前妻张幼仪，在徐志摩去世后，也时常给陆小曼一些生活费用，只是后来张幼仪搬到了香港居住之后，才中断了对陆小曼的资助。

此时翁瑞午一口承诺由他负责陆小曼的生活，实际上，翁瑞午自身的担子也不轻。一方面翁瑞午要维持他一家老小七个人的生活开支。另一方面，翁瑞午有一个同父异母的哥哥，哥哥早年间去世了，留下了一位妻子和九个孩子，十口人的生活也全仰仗他。仅仅这两个大家庭，就足以让翁瑞午不堪重负了，现在还要加上陆小曼，以及陆小曼所雇佣的十几个佣人，这对翁瑞午来说，是一个很大的压力。

日常翁瑞午的收入，开诊所看病是一个主要来源，仅以此来维持翁瑞午自家生活的话，自然是绰绰有余，不过加上哥哥和陆小曼几十口人，就显得入不敷出了。

为了增加收入来源，翁瑞午还兼任着江南造船厂的会计，平时也炒炒股票。即使如此，翁瑞午原有的一点积蓄也很快被耗费

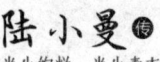

一空,最紧张的时候,到了无钱可用的地步。

性情中人的翁瑞午,既然答应要对陆小曼负责到底,就绝不会食言。为此他又打起了家传名贵字画的主意,凡是家中可以变卖的物品,都拿出来换成现钱,在他心里,只要陆小曼能够过得好,他愿意无所保留地付出。正是在翁瑞午的倾力维系下,陆小曼的后半生,才有了一个相对稳定的生活环境,不用操心生活中的琐事,也不用为了柴米油盐而苦恼。在战火纷飞的年代,她能够安安稳稳、衣食无忧地生活下去,全赖翁瑞午的一己之力。这一点,陆小曼对翁瑞午自然是感激不尽。

翁瑞午能够深深吸引陆小曼,并获得她的信任和青睐,也不仅仅是金钱和物资的帮助。更重要的是,翁瑞午是一个谈吐非常幽默的男人,也极其擅长倾听。他和陆小曼相处时,如果陆小曼不开心,他就想法去逗她开心,给她讲外面各种新鲜有趣的事情;如果陆小曼愿意诉说,他也会静静地倾听,时不时恰到好处地出言安慰。这种善解人意的宽厚,对失去了徐志摩且陷入巨大痛苦旋涡中的陆小曼来说,无疑是最好的一种陪伴,因为他懂得陆小曼心里需要什么,也理解她苦闷的人生处境。

然而,陆小曼坦言,她和翁瑞午之间只有感情,没有爱情。在她一生中所经历的三个男人中,第一任丈夫王赓,陆小曼对他有敬佩,有欣赏,但没有爱情,虽然王赓一直深爱着陆小曼。

徐志摩是陆小曼生命中的第二个男人。尽管新婚燕尔后，两人因生活理念和琐碎的家务事爆发了不少的争吵，徐志摩却始终是陆小曼生命中最为重要的存在，她爱着这个让她心有所属的男人。只是岁月的消磨，让她将对徐志摩的情感掩盖了起来，当徐志摩飞机失事之后，那种久远的、深藏在心间的真挚情感瞬间被激发了出来，伤心过度的她，原本就柔弱的身体也随之垮了。他的离去，让陆小曼整个人生充满了灰色。

翁瑞午是陆小曼生命中的第三个男人，也是最后一个男人，在陆小曼的后半生中，翁瑞午整整陪伴了她三十年。他不仅能够通过自己的医术缓解陆小曼身体上的病痛，也在陪伴中给她的心灵带来了莫大的慰藉。虽然如陆小曼自己所说，对翁瑞午只有感情，没有爱情，然而她还是默许了他在自己生命里的存在。无论陆小曼承认与否，实际上，在现实面前，她离不开翁瑞午。

陆小曼的干女儿何灵琰在回忆干娘和翁瑞午之间的关系时，曾感慨地说："现在想想这个人也算多情，他对干娘真是刻意经心，无微不至。徐干爹去世后，他更是照应她，供养她。后来干娘烟瘾越来越大，人更憔悴枯槁，而翁干爹又是有妻有子的人，她给他的负担重，而他却能牺牲一切，至死不渝。细想若无翁瑞午，干娘一个人根本无法活下去。"

虽然在徐志摩去世不久，翁瑞午就搬到了陆小曼的身边，

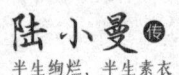

不过陆小曼和他明确规定：两人之间不能结婚，这是她的底线。

陆小曼不同意和翁瑞午结婚，一方面是因为，陆小曼在心里给徐志摩留下了最为重要的位置，她的心里只能住着徐志摩一个人。而且自从徐志摩去世后，陆小曼仿佛一瞬间惊醒了。她脱离了没完没了的社交应酬，也看透了人世间的沉沉浮浮，爱情在她眼里成为了一种最为昂贵的奢侈品，她不敢奢望爱情，也不认为会有另外一个男人能够替代徐志摩，成为她心灵上的伴侣。

另一方面，翁瑞午是一个有家室的人，和原配的感情也不错，贤惠的妻子不仅悉心照顾着他的日常起居，还将他们生育的五个儿女辛辛苦苦抚养大。如果没有翁瑞午，这个贤惠的女人恐怕很难在上海滩生活下去，这也是陆小曼不愿和翁瑞午结婚的原因，她要给别人留一条活路，纵然翁瑞午几乎为她付出了所有。

陆小曼和翁瑞午一直就这样以不清不楚的身份同居了下来。显然，两人之间的同居关系，让大多数和徐志摩相熟的亲友非常不满。也许他们看不惯陆小曼不顾及"徐志摩遗孀"的身份，竟然和另外一个男人住在一起；也许他们不满翁瑞午的"乘虚而入"，以安慰和治病的借口，趁机接近并取得了同居的资格。

在这些人中，胡适是表现非常强烈的一个。在徐志摩还在世的时候，胡适就非常欣赏陆小曼。那个时候的陆小曼，也充满了灵动的气息，人见人爱。也许在胡适的心底，他也爱慕着这个民国的大才女。对来自胡适的好感和倾慕，陆小曼也有所感知。

徐志摩去世后，胡适对陆小曼的关心多了起来。他甚至直接给陆小曼写信，要求陆小曼离开上海，到北平生活，在北平的一切花费和生活用度，都由他一力承担。但一个前提条件是，陆小曼必须要和翁瑞午断绝关系。

对于胡适这样干涉自己个人生活的行为，陆小曼一口回绝。胡适在遭到了陆小曼的婉拒后，随即去信说："如果你不和翁瑞午断绝关系，那么我们以后也就不是朋友了。"

从此之后，胡适渐渐疏远了陆小曼。当陆小曼为《徐志摩全集》出版四处奔波的时候，胡适也冷漠处之。后来胡适定居台湾，两人再无联系。

除胡适外，赵家璧对陆小曼和翁瑞午之间的交往，也明确地表示反对。他希望陆小曼能够自珍自爱，珍惜自己的声誉，尽早脱离仰仗翁瑞午生活的状态。

陆小曼对来自赵家璧的规劝，也置若罔闻。虽然是一个弱女子，但陆小曼也是一个懂得感恩和讲义气的人，翁瑞午是在她最困难的时候帮助了她。

劝说的次数多了，陆小曼甚至直接反驳说，在徐志摩生前，

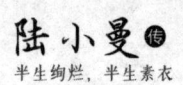

她就和翁瑞午熟悉了,这一点,徐志摩也是知道的。再说了,又不是旧社会了,难道她没有了徐志摩,就注定要断绝和所有男性的交往吗?也许外人不了解翁瑞午,认为他是别有用心,实际上,有情有义的他,对自己照顾有加,忙前忙后,任劳任怨,不是一个负心薄情的人,外人又岂能随意横加指责呢?

对陆小曼付出所有的翁瑞午,渐渐地走入了陆小曼的内心。

不离不弃，相伴余生

慢慢走近的两个人，心与心相互依偎在一起。他们虽然不是夫妻，却又胜似夫妻，两人早已把对方当作自己生命中最为亲近的人，难以分离。

陆小曼的选择没有错，翁瑞午绝非朝秦暮楚之人，他对陆小曼是发自内心的喜爱。常年吸食鸦片，身体又虚弱的陆小曼，曾经满口细碎的洁白银牙，早早地就脱落了；岁月的摧残和病魔的侵袭，她娇艳的容颜也失去光彩，很多时候都被病痛折磨，不得不缠绵病榻。

即使如此，翁瑞午对她依旧不离不弃，嘘寒问暖，端汤送药，推拿按摩，日复一日不厌其烦地坚持着。他的这种坚持，外人看在眼里，表示由衷的钦佩。

为了供养陆小曼，翁瑞午确实做到了倾其所有，他几乎变卖了自己所有珍贵的收藏。20世纪六十年代，物资困乏，为了让陆小曼能够抽上一支烟，吃到一口肉，翁瑞午不辞辛劳，无论寒暑，他都早早地起床排队，以满足陆小曼的生活所需。

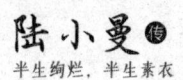

陆小曼对于来自翁瑞午无微不至的照顾，内心也感激不尽。陆小曼一直非常珍惜这份感情，无论任何朋友劝说她离开翁瑞午，陆小曼都不为所动。

人与人相伴久了，就会产生无处不在的浓浓亲情。翁瑞午和陆小曼几十载的朝夕相处，彼此都把对方当作生命里最为重要的那一个人，不离不弃，相知相守，共同走过了这风风雨雨的沧桑岁月。

1959年，在重新填写家庭关系时，"家庭成员"一栏，陆小曼郑重地填上了翁瑞午的姓名。从陆小曼的这一举动看，她已经完全接纳了翁瑞午，将他当成了自己最为亲密的生活伴侣。

如今回过头来看，当初那些劝说陆小曼离开翁瑞午的朋友，也许是出于好心，为了维护徐志摩的声誉，为了陆小曼的名声；也许在他们眼中，翁瑞午风流成性，很难对一个女人长长久久，陆小曼会因他而受到伤害。

然而他们都未真正地理解陆小曼，没有能够感同身受地懂得陆小曼最需要的是什么。在最为凄苦的日子，最需要情感慰藉的时刻，是翁瑞午，也只有翁瑞午给了她真心的呵护和最长久的陪伴。他们几十年的相守，这份感情已经化为浓浓的亲情，没有人能够将他们分开，也不可能让他们分开。

如果徐志摩或者陆小曼的朋友，能够设身处地地换位思考，他们的心结也就豁然释怀了。在民国的动荡岁月里，一个无依无靠的弱女子，没有了翁瑞午，她又该如何安然生存下去呢？

缘分是一个很奇妙的东西，感情有时也是如此。从社会身份和地位上看，翁瑞午比不上王赓；从个人才气和文学成就上看，他和徐志摩也无法相提并论。但就是这样的一个人，却成为陪伴陆小曼后半生的男人，也是陆小曼最信任、最离不开的男人。

陆小曼和王赓之间貌合神离，毫无感情可言，婚后争吵不断，婚姻名存实亡；和徐志摩结婚之后，陆小曼依旧未能改变刁蛮任性的习性，处处让徐志摩纠结为难，两人的婚姻生活，也因为生计的原因，有了裂痕。可是和翁瑞午相处，陆小曼仿佛成为了一个温顺听话的"公主"，她喜欢看着翁瑞午为自己忙前忙后，不辞辛劳；翁瑞午也愿意为陆小曼这样做，她的快乐和幸福，就是翁瑞午前行的人生动力。而且从两人相识开始，到相知相守，前后数十年的漫长岁月里，翁瑞午始终是那个守候在她身边的男人，任凭外界风雨起伏，陆小曼只管岁月静好，一切都有翁瑞午收拾打理。在人生最为美好年华里，有翁瑞午；在人生最为黑暗的时刻，也有翁瑞午。他们两人顶住了世俗的压力，隔绝了各种非议和指责，这种令人不可思议的缘分和情感，着实令人难以想象。

如果将陆小曼的一生比作爬山的过程。那么在她青春灿烂的美好年华里，好似身处半山坡的时候，她嫁给了王赓。少不更事的她，那时还未懂得什么是她想要的爱情，只是隐隐约约地感觉到王赓不是她理想的人生伴侣。

当陆小曼将女人的优雅和成熟魅力散发到极致的时候，在

陆小曼传
半生绚烂，半生素衣

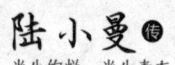

人生的顶峰，她和徐志摩悄然相遇。热烈奔放的徐志摩，深深吸引了渴望浪漫爱情、脱离围城之困的陆小曼，由此她宁愿背负有夫之妇"红杏出墙"的骂名，也执意要和徐志摩生活在一起。

徐志摩的去世，是陆小曼人生转折的一个重要分水岭。从山峰之巅跌落的陆小曼，失去了娇美的容颜，昔日的才情灵气也几乎荡然无存。苦闷和失意间，她遇上了翁瑞午，两人一路坎坷，最不被人看好，却又最终坚持到了最后。

1961年，自徐志摩之后，照顾了陆小曼整整三十年的翁瑞午，终于先于陆小曼离开这个人世。

翁瑞午当时病重，自感时日无多的他，心里最放不下的还是陆小曼。为此他刻意将赵清阁和赵家璧请来见面。两人来到后，翁瑞午郑重其事地嘱托他们说："我感觉自己挺不过这一关了，我走了之后，陆小曼的生活，还请你们两位多多关照，这样我在九泉之下也就安心了。"

虽然话语不多，翁瑞午对陆小曼的一片真挚的情感却展露无遗。他的后半生，活着的一大半意义就是照顾陆小曼，当年他对陆小曼的承诺，也完完全全做到了，他以自身的行动，证明了他对陆小曼的真情无虚，也打碎了很多不看好他们之间感情的人的流言蜚语。仅从这一点看，翁瑞午不愧是一个真男儿。

第六章 一代才女：多才多艺自芳华

她是民国时期和林徽因等人并驾齐驱的一代才女，在她的身上，演绎着曲曲折折、爱恨缠绵的情感故事；然而另一方面，她在诗词、绘画、戏剧、音乐等领域中的成就，却常常被人们所忽略。事实上，她能在民国时期的上海滩独领风骚，于容貌之外，巾帼不让须眉的才气，也是令无数男人折服的地方。正如胡适所赞誉的那样：陆小曼是"一道不可不看的风景"。

陆小曼 传
半生绚烂，半生素衣

拜师学画，激发绘画天赋

人们在谈论陆小曼的时候，脑海中通常会浮现出戴着眼镜、斯斯文文的徐志摩。无论是徐志摩还是陆小曼，单独提起他们中的任何一个，都好像缺少了一点什么似的。双方都成为对方身上最大的标签。也有人刻意贬低陆小曼，说是徐志摩成就了陆小曼。如果没有徐志摩和陆小曼之间婚姻关系的存在，陆小曼至多不过是上海滩一位略有名气的社交名媛罢了，绝不会在历史上留下太深的印记。

这些话语初听起来似乎有道理。但人们忘了，陆小曼为何能征服徐志摩？绝不单单是凭借什么秀丽的容貌，她身上所具有的识见和才气，并由此铸就出的独特个人魅力和高雅气质，才是最打动徐志摩的地方。可以设想，徐志摩的生命里，假如缺少了陆小曼的存在，他的声名或许没有现在这样的大，他和陆小曼的情事纠葛，也不会让人谈论至今依旧热度不减。

因此可以说，在另一种程度上，是陆小曼成就了徐志摩。正是因为有了陆小曼的存在，他才能以更大的热情创作出无数脍炙人口的诗歌，如《再别康桥》《翡翠冷的一夜》等。没有了陆小曼，徐志摩的人生或许会暗淡很多。

陆小曼多才多艺，绘画是她各项技能中最为出色的。时下各大拍卖场，陆小曼遗留下来的绘画作品，热度渐升，很多收藏家也给予她绘画作品更多的关注。这是市场行为对陆小曼个人绘画技艺的最大肯定。

陆小曼自小就有绘画方面的天赋。发现她绘画天赋的启蒙老师，是她的母亲吴曼华。

吴曼华出身名门大族，受到了很好的家庭教育，在绘画方面，吴曼华精通中国传统的工笔画。在陆小曼小的时候，母亲吴曼华就从自己擅长的领域来教授陆小曼。本就遗传了父母才华基因的陆小曼，很快熟练掌握了工笔画的绘画技巧。

为了学习工笔画，陆小曼下了一番苦功。她曾临摹宋代的院体画，明代仇英的人物画以及清代沈铨的花鸟走兽画等。久而久之，她逐渐掌握了这些名家的精髓之处，绘画技艺突飞猛进。

在中国工笔画之外，陆小曼还颇为精通西方的绘画技巧。当年她和父母一起搬到北京居住的时候，进到了由法国人开办的圣心女子学堂中学习。在这里，她从静物临摹开始，逐步掌握了油画的运笔手法。

学有所成的陆小曼，很快就崭露头角。她在学校里创作的一幅画，被外国友人高价买走，学校也由此获得了一笔意外的收入。

后来为了提升国画水平，陆小曼拜刘海粟为师，其间又经多位名师指点，她的绘画技艺突发猛进。

陆小曼存世的多幅画作中，她创作于1931年的一幅山水长卷堪称代表作之一。徐志摩对这幅画赞不绝口，他曾多次携带这幅画卷四处请当时的社会名流题咏。时人对这幅画的评价也非常高，只是显得略微稚嫩了些。

更值得珍视的是，当徐志摩坐飞机失事的时候，陪伴在他身边的就有这幅画，画卷被装在铁匣子里，因此才得以保留了下来，这也是徐志摩空难时留给陆小曼的唯一遗物。

陆小曼在创作了这幅长卷之后，再也没有创作如此长卷作品的兴趣了。而且随着徐志摩的离世，痛不欲生的陆小曼，为告慰亡夫，在翁瑞午的引荐下，她又分别拜贺天健为师学习山水画，拜陈半丁为师学习花鸟画。

贺天健先生对陆小曼早有闻名，不过印象却不是太好。从他人的叙述中，他得知陆小曼沉迷鸦片，做事很难有恒心，因此当陆小曼亲自登门拜师时，贺天健为了敦促她专心致志的投入到学习中去，曾和她有三条约定：第一，跟随老师学习绘画时，要心无旁骛，杂事丢开；第二，持之以恒，学有所成；第三，中途不得提出辍学请求。就这样，在贺天健的悉心指导下，陆小曼收敛了自己，绘画技艺又有了很大的突破。

当然，正如贺天健所担心的那样，陆小曼虽然悟性很高，也颇有天赋，然而她生性懒散，还是未能全身心地投入到绘画创作中去。这种"三天打鱼两天晒网"的行为,导致陆小曼未能进入一流画家的行列。这不能不说是一种遗憾。

观看陆小曼后期的绘画作品,明显可以感受到一种淡然、凄冷的味道。这种充满萧条味道的画风,显然和陆小曼个人的心境有关。在徐志摩去世之后,她的心也随之枯萎了,那种意兴阑珊的孤寂,自然也体现在了她的笔下。

徐志摩的离世,是陆小曼人生的一个重要转折点。从此她几乎闭门谢客,不再参加各种社交活动,仅有的极少数,也多是和绘画有关。

1934年,中国女子书画会成立,陆小曼是其中的会员之一,但她很少露面,迫不得已的时候,才偶尔参加一两次活动,除此之外,再无更多的外出交流学习。

陆小曼绘画功底的提升,离不开翁瑞午的功劳。翁瑞午不仅积极为她举荐名师,还四处收集名人字画,供陆小曼观摩学习。翁瑞午本人也是一位丹青高手。在陆小曼闭门谢客的日子里,翁瑞午陪伴在她的身旁,两人相互探讨,共同提高,这也是陆小曼极为欣赏翁瑞午的地方。在红尘俗世中,能有一蓝颜知己,此生足矣!

只是生活上的各种开支用度,让翁瑞午焦头烂额。在他们生活最为艰难的时候,翁瑞午不得不说服陆小曼,在报纸上刊登启事,愿意为他人画作代笔。陆小曼开出了很高的润笔费,那些仰慕她才华的人,并没有被高昂的润笔费吓倒,反而纷纷

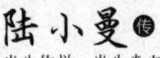

登门索画，如堂幅、立轴、折扇、手卷等。

1941年年底，在翁瑞午的鼓励下，陆小曼在上海大新公司的四楼，举办了盛大的个人画展。上海各界社会名流纷纷前来捧场。这次画展取得了不错的售卖业绩，两人困顿的生活境况因此有了很大的改观。

然而，陆小曼并没有太多的画作存世，令人倍感遗憾。

潜心文学,诗情才赋显端倪

除了绘画之外,陆小曼在文学方面也有一定的成就。

陆小曼的文学创作,涉及多个领域,如小说、散文、戏曲、诗歌、译作等,不过整体数量却非常有限,这也和早年间陆小曼忙于社交应酬活动有关。正因为如此,在文学领域,陆小曼和同时期的林徽因、凌淑华等人相比,逊色不少。

陆小曼创作的诗歌、散文等,多是以日记的形式出现。陆小曼写日记有两个相对集中的时期,一个时期是1925年前后,这一时期的陆小曼,内心处于彷徨期,她既爱着徐志摩,陷入了热恋之中,但又纠结于和王赓的婚事,同时还要承受来自各方面道德舆论的指责。这一时期的日记,多以反映她内心的苦闷为主。

另一个时期是和徐志摩结婚前后,里面记录着陆小曼的心路情感历程。从书中的语言风格看,这一时期她的文风清丽优雅,叙事简洁自然,读来别有一番风味。这两个时期的日记,后来被结集出版为《小曼日记》一书。

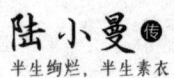

当徐志摩坐飞机失事之后，陷入深深痛苦和思念中的陆小曼，挥笔写下了一篇情感真挚、哀怨动人的文章《哭摩》。这篇文章的文风深受徐志摩的影响，言语间流露着真情，对徐志摩的思念和内心的悲苦，在字里行间显露无遗。陆小曼和徐志摩在一起生活久了，在遣词造句和文章风格上，与徐志摩的行文脉络极为接近。

散文之外，陆小曼还尝试从事小说的创作。其实依照陆小曼疏懒的性情，她不会拿起笔在自己不熟悉的文学领域中耕耘的。她能够投入到小说的创作中去，还要拜她的好友赵清阁所赐。

1946年，赵清阁主编一本《现代中国女作家小说专集》。通过赵清阁的邀约，先后有苏雪林、冯沅君、冰心、袁昌英、沉樱、谢冰莹、陆晶清等人加入创作队伍。那时，赵清阁也想到了陆小曼。

作为陆小曼知己好友的赵清阁，对陆小曼的文采非常钦佩，当看到陆小曼在徐志摩去世后，整日沉沦，几乎处于闭门谢客的状态中，每日除了通过吸食鸦片来麻醉自己之外，再无其他积极奋进的向上姿态，这让赵清阁看在眼里，急在心头。为了让陆小曼摆脱这种颓废萎靡的生活状态，赵清阁找到了陆小曼，说出了自己的想法。

一开始，陆小曼并不同意，因为她没有创作小说的心情。赵清阁就拉上赵家璧，两人一起拜访陆小曼。在他们的劝说下，陆小曼答应了两人的请求，决定接受这一邀约，以感谢朋友们对她的关切。

陆小曼动笔开始创作时，正值炎炎夏季，此时身患哮喘病的她，忍受着病痛的折磨，坚持着小说的创作。小说原名《女儿劫》，后改名《皇家饭店》，主要描绘了大上海上流社会浮华奢侈的场景，寄予了她和过去生活决裂的情感，这也是陆小曼生平唯一的一部小说。

虽然整个写作过程无比艰辛，好在有赵清阁等人的帮助和鼓舞，让陆小曼感受到自己被人们所需要的价值。这种动力，是支撑陆小曼坚持完成创作的力量源泉。

赵清阁曾在读完小说后，赞不绝口，赞誉陆小曼"描写细腻，技巧新颖，读之令人恍入其境，且富有戏剧意味"。

《皇家饭店》这部作品中，陆小曼构思了一名叫作婉贞的女主人公。她是上海沦陷时期一个小职员的妻子，为了给儿子看病，她不得不违心应聘到皇家饭店工作。在这个充满奢华气息的工作氛围中，她目睹那些出入饭店的太太、小姐们光鲜奢靡背后的种种不堪，性情高洁的她，终于难以忍受这种工作环境，直接辞掉了工作。

陆小曼之所以以此为创作主题，因为她本身就曾经常出没于这一类社交场所，她以自身无比熟识的经历，深刻揭露了上海沦陷时期十里洋场繁华背后的肮脏一面。人们在读了她这本小说之后，再次为她的才华所征服。

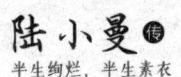

陆小曼在完成了这本小说的创作后，下定了戒掉鸦片烟瘾的决心，对她而言，这不能不说是另外一种收获。

陆小曼也曾积极从事诗歌的写作，为此她还拜师汪星伯学习做诗，诗歌的功底也因此增进了很多。

1933年清明，陆小曼前去徐志摩的墓前祭拜。在丈夫的墓前，回想昔日两人相处的点点滴滴，陆小曼不由得悲从中来，感慨万千，创作了一首诗《癸酉清明回硖扫墓有感》：

肠断人琴感未消，此心久已寄云峤。
年来更识荒寒味，写到湖山总寂寥。

这首旧体诗，言真意切，很好地抒发了陆小曼彼时肝肠寸断的心境，读来令人感同身受。从诗的格律和意境看，陆小曼扎实的古文功底也得以显露。

陆小曼所创作的现代诗不多，她留存于世的一首新诗《秋叶》，曾发表在《南风》杂志上。从诗的文风上看，和徐志摩的风格极为相似，以哀怨秾丽为主。

长袖善舞,昆曲舞台自芳华

民国时期的大上海,谈到社交名媛,在陆小曼未到上海之前,恐怕要数唐瑛最有名了。陆小曼移居上海之后,两位绝代佳人的风云际会,成为轰动一时的大新闻。

也许两人都早已听闻对方的名号,陆小曼和唐瑛相会后,很快便成为无话不谈的好朋友,惺惺相惜,引为知己。

两人关系能够走近,与她们的家世背景以及所受的教育相似有关。她们都出身于名门望族,也接受了良好的社会教育,还会说一口流利的外语。而且在性情和为人处世上,两人之间也有着很多的相似之处,都出手阔绰,喜爱奢侈,注重物质享受。对戏曲的热爱,无疑也是增进两人友谊的重要"催化剂"。

二十世纪二十年代,当时的北平、上海、天津等地,戏剧因为有着深厚的文化土壤而与茶社、戏院牢牢扎下了根,京剧、昆曲、豫剧都能在这里找到合适的舞台和喜爱他们的观众。比较有趣的是,那些观众对于自己喜爱的角色,常会大肆追捧,这不亚于今天的"追星"行为。无论是上流社会的达官贵人,

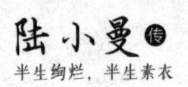

还是普通民众，都甘愿成为喜爱名角的"粉丝"。陆小曼自然也不例外，她除了平时登台义演、客串角色之外，也热衷于捧角的活动，相传经她手捧红的戏子，多达十几位，其中袁美云、袁汉云等戏剧新秀还认了她为干妈。

当人们听闻徐志摩和陆小曼夫妇竟然有幸同台演出时，社会名流、名媛淑女、文人雅士都纷纷抱以高度的关注，很多报社特意派出记者，亲临现场做采访报道。

在演出《贩马记》的时候，徐志摩、陆小曼、翁瑞午三个人同台，原本一场很正常的演出，却给三人带来了严重的负面影响。

对戏剧有着抵触心理的徐志摩，其实是不大愿意来这种场合的，只是碍于妻子的面子，才不得不像"木偶"一般受人摆布。在舞台上演出的时候，没有戏剧天分，也不懂戏剧规矩的徐志摩，动不动就将靴子伸出桌帷的外面，惹得下面笑声一片。

更令徐志摩难堪的是，当晚他在戏中扮演医生的角色，生活中是一位漫画家。按照剧情的设定，他原本可以不用说话，只需要给苏三看病就好了。不过在演出的时候，这位漫画家故意加了台词，说苏三的这个病我是看不来，非要推拿医生过来才可以。

也许在这位漫画家看来，他希望通过这样的方式，以增添戏曲的喜剧效果，谁知却适得其反。因为在当时，人们对陆小曼和翁瑞午之间暧昧的关系，就有所传闻，此时从舞台上的一位演员口中说出，无疑是"昭告天下"了，下面的观众很快发出了会意的笑声，这种笑声难免带有嘲讽的味道。

徐志摩是一个聪明人，他自然听出了人们笑声背后所蕴含的意义，不过在公众场合，他忍着怒气一言不发，想着忍一忍就过去了，如果太过认真，反而会让人有"此地无银三百两"的感觉。

徐志摩是这样想的，但事件的走向却不受他的控制。几天后，上海一份名叫《福尔摩斯》的小报，在报社记者的蓄意渲染下，刊登了一篇名为《伍大姐按摩得腻友》的文章，文章捏造人物，通过虚构的人物之口，以含沙射影的方式影射陆小曼、徐志摩以及翁瑞午三人之间的绯闻，语言也极其下流，格调低俗不堪。

熟知内情的人一眼就看出小报记者的用意。原本是社会传闻的事情，经过小报这样的刻意放大渲染，人们便添油加醋，将陆小曼和翁瑞午之间的暧昧关系又丰富了很多，一时之间成为上海滩最大的谈资，整个事件沸沸扬扬，尽人皆知。

徐志摩在读了这篇文章之后，怒气冲冲，他认为这篇文章不仅侮辱了陆小曼，也玷污了他的名声，让他颜面扫地。一向温文尔雅的徐志摩，这次坐不住了，他和陆小曼、翁瑞午、江小鹣一起，联名向《福尔摩斯》小报发起了法律诉讼。

最后法院裁定，小报记者并无太大不当之处，没有指名道姓，徐志摩等人偏要对号入座，因此希望追究对方刑事责任的

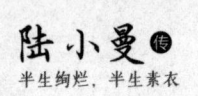

理由比较牵强，徐志摩他们最终也以败诉收场。

《福尔摩斯》这份原本籍籍无名的小报纸，却因这次事件成为最大赢家，通过这场官司，让报社的名头不胫而走，发行量节节攀升，苦的只是徐志摩自己，名声受到了很大的损害，这也是他后来前往欧洲的一个原因。

当然这只是一个小小的插曲。深爱戏剧表演的陆小曼和唐瑛，因戏剧而加深了彼此之间的感情。唐瑛在昆曲方面有着极深的造诣。当年英国王室来访，在接待晚宴上，她的压轴节目之一就是昆曲的表演，令来宾印象深刻。

正因为彼此共同的爱好，所以在条件允许的情况下，陆小曼也曾多次和唐瑛联袂出演，在昆曲的舞台上长袖善舞。两位绝代佳人，芳名冠绝民国上海滩的才女，一起出演昆曲，自然造成了不少的轰动，每当两人同台演出的时候，吸引了无数达官贵人观看，人人为之癫狂痴迷。

1927年，北伐军挺进上海。为了对北伐军表达慰问之情，也为了能够募集到一些经费，在一些社会名流的穿针引线下，请来了很多戏曲名家，开展了一次"慰劳北伐前敌兵士会"的义演，鉴于陆小曼和唐瑛超高的人气，她们两人也在邀请之列。

在具体出演时，陆小曼先是独自表演了一出昆曲中的折子戏《思凡》。随后又和唐瑛合演昆曲《拾画》《叫画》等，两人聪颖的悟性和过硬的戏曲功底，令人惊叹，演出取得了巨大的成功。

尤其是陆小曼表演的折子戏《思凡》，在昆曲曲目中，属于难度较高的一种，非常讲究演员的功底。当时在戏曲界，流传有"男怕夜奔，女怕思凡"的说法。意思是说，男昆曲演员，最怕出演《林冲夜奔》，这出折子戏对演员的唱念做打的功底要求很高；对于女昆曲演员来说，《思凡》的难度也很大，全面考验着女演员对场面的驾驭能力，是昆曲旦角难度最大的折子戏。

陆小曼在出演时，一举一动，一颦一笑，举手投足之间，完美诠释了小尼姑的神韵，加上她空灵美妙的唱腔，人物形象得以生动立体，活灵活现，取得了极佳的艺术效果。

陆小曼和唐瑛合演的《拾画》《叫画》时，有许多戏曲名家就在下面坐着观看。她俩超强的临场控制和机变能力，使得演出获得了完美的成功，也受到了台下专业人士的赞誉。

这一次的演出，让陆小曼和唐瑛两人出尽了风头。以往两人同台演出，大多是以票友身份参加，而这次义演，规模庞大，也极具影响力，同时还和许多戏曲名家同台演出，这对两人而言，都是一次宝贵的学习机会。

经历了这次意义非凡的义演之后，进一步加深了陆小曼对戏曲表演的认知，对此她曾深有感触地说："演戏并不是一件容易的事情，一个字咬得不准，一个腔使得不圆，一只袖洒得不透，一步路走得不稳，就容易妨碍全剧的表现，演者自己的自信心，观众的信心，便同时受了不易弥补的打击。"

陆小曼 传
半生绚烂，半生素衣

只是在徐志摩去世之后，陆小曼从此退出社交圈，深居简出，很少在公共场合露面了。两位绝代佳人联袂同台演出的盛况也成了绝响。

在陆小曼和唐瑛陆续归隐之后，引领潮流的上海滩，自然不乏各色"交际花"，不过和陆小曼、唐瑛相比，她们再也难以呈现昔日"南唐北陆"的辉煌。

和诗人合作创作《卞昆冈》

众所周知,徐志摩是近现代文坛上一位杰出的诗人和散文家,在这两大文学领域,他都取得了令人瞩目的骄傲成就。不过鲜为人知的是,作为新体诗重要代表之一的徐志摩,竟然还创作过一个剧本,并且还是他和妻子陆小曼两人共同心血的结晶《卞昆冈》。

谈到徐志摩创作剧本的初衷,背后藏有诗人很多的无奈。陆小曼和徐志摩结婚后,常常流连于各种社交场合,为此倍感苦恼的徐志摩,只好想尽各种办法,希望能够将陆小曼从纸醉金迷的生活状态中拯救出来。在多方尝试之后,徐志摩想到了写剧本的办法,邀请陆小曼和他一起共同创作。

这一次对于徐志摩的请求,陆小曼或许是出于新鲜的缘故,很快就吐口答应了,这让徐志摩高兴万分。

徐志摩不喜爱戏剧表演,主要原因是他不爱在大庭广众下露面,但对于戏剧艺术,徐志摩还是非常热爱的。当年他在北平担任《晨报副刊》的主编时,就曾创立了一个《剧刊》的栏目,

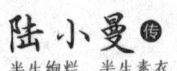

这一栏目刊登和发表了大量介绍西方戏剧的文章。

同样，陆小曼也对西方戏剧有着独到的见解，加之本身也有着极高的文学修养，因此在两人决定合作创作剧本时，陆小曼负责提供剧本整体的故事框架。

陆小曼在简单构思后，给出了剧本的故事大纲：在山西，有一位名叫卞昆冈的石匠，致力于维护云冈石窟，中年丧妻的他，和母亲以及女儿阿明相依为命。尽管无比怀念自己的亡妻，然而为了让女儿能够得到母爱，他还是在媒人的介绍下，和同村的寡妇李七妹结成了夫妇。婚后的卞昆冈，依旧对亡妻念念不忘，这让李七妹心生不满，不久后，她便暗中和一名叫作尤桂生的男子勾搭成奸。不巧卞昆冈的女儿阿明，无意中发现了他们的奸情，这对狠毒的情人，残忍地弄瞎了阿明的眼睛，随后逃离到了外地。卞昆冈悲愤万分，选择跳崖自尽。

对于这一构思，徐志摩表示同意，开始动手写起剧本来。这段两人共同创作剧本的岁月，是他们夫妇婚后感情最好的一段时期。那时的他们，并坐在一起，共同切磋交流，修改润色。两个月后，饱含两人心血的五幕剧《卞昆冈》就这样诞生了。

徐志摩在创作剧本时，充分发挥了他独特的写作技法，剧本里面人物的对白朗朗上口，音韵自然，哀怨凄美，极富想象。当然，除了提供构思之外，在对白的语言修饰上，陆小曼也贡献颇多，她改掉了徐志摩的一些方言用词，从而更增添了对白的艺术张力。

剧本完成后，徐志摩怀着激动的心情，将其发表在自己所创办的《新月》月刊上，不久后还发行了单行本，在一定的范围内，取得了较大的影响力。

徐志摩的一些好友，对剧本也有着很好的评价，他们积极奔走，想要尽快寻找角色，让剧本早日走上舞台，和观众见面。

上海的一些剧社，对徐志摩、陆小曼所创作的剧本也非常感兴趣，他们努力争取，和戏曲演员结合，希望由他们出面排演。不过因为种种原因，徐志摩所期盼的剧本能在上海出演的愿望落空了。

不久后，远在北方的青岛，却以令徐志摩满意的方式，将这部剧搬上了舞台。具体策划出演这部剧的剧社名叫"光明剧社"，这一剧社是青岛第一个专业的话剧团，于1928年成立，发起人有杜宇、王卓等人。他们在成立光明剧社后，经过商讨研究，决定出演徐志摩、陆小曼所创作的《卞昆冈》。显然这既是《卞昆冈》的第一次公演，也是光明剧社成立之后的首场秀。

年轻人总是充满着蓬勃的朝气。他们在熟练了多遍剧本之后，开始正式公演。这次公演，吸引了很多青年学生的关注，演出极为成功，圆了徐志摩和陆小曼的"剧本梦"。

泰戈尔来访，认作儿媳

在近现代史上，印度文学领域第一个获得诺贝尔文学奖的人物便是声名显赫的泰戈尔。泰戈尔作为东方文化系统中最有代表性的人物之一，享有盛誉，时至今日，在世界文坛上，依然有着巨大的影响力。

从性情上看，泰戈尔是一位胸襟博大、质朴自然的文化巨人。他虽然生长在印度，不过对于古老而又神秘的中国情有独钟。他生前曾三次访华，每一次徐志摩和陆小曼都是重要的参与者和见证者。在泰戈尔第一次访华时，徐志摩出力甚多，是其中的主要推动者。在后两次访华的时候，他就居住在徐志摩和陆小曼的家里，显示出他和两人之间非同一般的深情厚谊。

其实泰戈尔早就有前来中国访问的愿望和念头，但因为种种因素的影响，一直未能成行。巧合的是，1923年，徐志摩在北平遇到了泰戈尔的助手，双方交谈时，对方告诉徐志摩，泰戈尔想要来中国访问，如果有人能够出面发出邀请并给予热情的接待，这将是最好不过的事情。

对于这位享誉世界的大诗人，徐志摩早已是如雷贯耳。此时他听到这样的消息，自然是喜出望外。一方面他无比渴望见到这位伟大的诗人，当面聆听他的教诲；另一方面，徐志摩也深感此时中国的文化界，对这位诗人还缺乏真正深入的了解和认识，如果能够促成对方来中国访问，会是文化领域的一大盛事。

想到这里，徐志摩立即积极地行动起来。他知道单凭自己的分量还远远不够，于是在他的奔走下，由梁启超、蔡元培出面，以讲学社的名义，向泰戈尔发出了真诚的邀约。

泰戈尔在接到来自中国方面的盛情邀约后，极为高兴。1924年4月12日，泰戈尔一行的第一站，便来到了上海。在众多的欢迎人群中，徐志摩赫然在列，他看着眼前倾慕已久的大诗人，不由得激动万分。两人在寒暄交谈后，很快成为无话不谈的忘年交。

在上海逗留其间，泰戈尔受到了上海文学研究会等数十个团体的隆重接待。在欢迎仪式上，泰戈尔发表了热情洋溢的讲话。几天后，泰戈尔动身赶往北平，陪伴在他身边的中方文化界人士，依然以徐志摩为主。

4月23日，在徐志摩的陪同下，泰戈尔来到了北平。北平这里也给予了他极高的礼遇，以梁启超、蔡元培、胡适等人为首，众人早早等候在车站，专程迎接泰戈尔的到来。

到了北平之后的泰戈尔，身边又多了一位陪同，这就是林徽因。她和徐志摩一起左右相伴，共同陪伴泰戈尔的这次访华

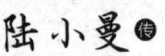

之行。

在泰戈尔第一次访华的一个多月的时间里,徐志摩一直全程陪同,直到当年5月底,泰戈尔从日本取道回国为止。

和泰戈尔第一次相会后,徐志摩也非常想主动拜访一次这位伟大诗人。后来在泰戈尔的助手恩厚之的帮助下,1928年10月,徐志摩在从欧洲归国途中,绕道印度,来到圣地尼克坦拜访了泰戈尔,了却了自己的一桩心愿。

泰戈尔第二次来访,是在1929年3月的时候。这一年,泰戈尔想要动身前往美国和日本讲学,顺道来到了中国。

这次访华之旅,对于泰戈尔而言,纯粹是私人性质的,喜爱安静的他,不愿意像上次那样兴师动众,让人们跟着他受累。

令徐志摩倍感惊喜的是,泰戈尔直接托人给徐志摩传话说,他的这次中国之行,就在徐志摩家里下榻。

徐志摩高兴地将这个消息和妻子陆小曼分享。陆小曼听了之后,见惯大世面的她,这次也有点慌神了。她不由得担心,在他们家里,她和徐志摩能够照顾好老人吗?

虽然在此之前,陆小曼未能和泰戈尔有过直接接触,但他们彼此之间却是熟悉的。日常的时候,徐志摩多次向她谈起泰戈尔的事情,讲述两人之间的交情。

反过来,泰戈尔对陆小曼也是神交已久。徐志摩在和他会面的时候,曾将陆小曼的照片拿给泰戈尔看。泰戈尔还饶有兴趣地对着徐志摩点评起陆小曼的人品性格来。慧眼如炬的他,谈到陆小曼的脾气秉性如数家珍,仿佛两人之间早就是相识已久的至交好友一般。徐志摩在旁边听了,也是惊讶万分,还以为这位享誉世界的大诗人具有高超的相面能力呢!其实对于在人世中沉浮大半生的诗人来说,他早已看透了一切,看穿了所有,因此才能精辟得当地点评陆小曼。

无论如何,泰戈尔就要来了,并且还要在他们的小家中共同生活一段时间,这让夫妻两人既欣喜又惶恐。此时的他们,才发现接待贵客时,两人温馨的天地是如此的狭小,两人楼上楼下审视了大半天,也找不到令他们满意且可供诗人休息的卧室。

还是陆小曼比较细心,她灵机一动,决定将三楼的一处房间腾出来,然后模仿印度的居住风格,争取让泰戈尔住得舒心满意,有一种宾至如归的感觉。

几天后,泰戈尔如期来到了上海。他在和徐志摩、陆小曼见面后,亲切地和他们拥抱交谈。谈到住处的问题时,陆小曼不好意思地委婉说,她和徐志摩居住的地方实在是太小了,希望泰戈尔能够下榻酒店,这样能够让他得到更好的休息。

泰戈尔却丝毫没有介意,他爽朗地说,地方小没关系,他反而喜欢这种温馨相处的感觉。就这样,在老人的坚持下,徐志摩和陆小曼将他迎到了自己的家中。

在徐志摩夫妇的带领下,泰戈尔参观了一下他们夫妇的住处,一再表示这就是他想要的地方。望着诚恳朴实的大诗人,徐志摩悬着的心也放了下来。

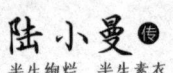

有趣的是,当泰戈尔参观完他们夫妇的住处后,对耗费了徐志摩夫妇大量心血,刻意为他营造的带有印度风格的房间不是太满意,他笑着告诉徐志摩夫妇:"我在印度居住了大半辈子,来到异国他乡,就是想要感受一下别样的异域风情。我看你们夫妻居住的房间就非常不错,床上还带有一顶红色的帐子,如果方便,可否让我住一段时间亲身感受一下呢?"

听着泰戈尔老人说出的这番话,徐志摩和陆小曼不由得相视一笑,他们没能想象到一位老人千里迢迢赶来中国,正是要感受中国的文化和生活氛围,他们偏偏弄巧成拙了。

当即徐志摩表示愿意尊重泰戈尔的想法!随后在徐志摩夫妇的陪同下,泰戈尔在他们家中居住了三天的时间。

第一次接触泰戈尔的陆小曼,很快放开了自己。在和蔼可亲的老诗人面前,她就像是一个孩子一样被关爱。每次有客人来访的时候,泰戈尔总会亲切地主动介绍说:"这是我的儿媳妇。"他的大度和幽默,总能让人发出会心的微笑。

陆小曼对泰戈尔也非常敬重,当她看到泰戈尔真的把自己和徐志摩当作儿子、儿媳妇看待时,不由得心潮起伏。她和徐志摩成婚后,一直和婆家的关系不太融洽,公公徐申如,对她也极为疏远,反而从泰戈尔这里,她得到了久违的亲情。

在这三天的时间里,三个人住在一起,谈诗作画,好不惬意。而且见多识广的泰戈尔,还给陆小曼讲了很多趣事,这也极大开阔了陆小曼的眼界。

三天的相处，尽管时间不长，但徐志摩、陆小曼和泰戈尔结下了深厚的友谊，尤其是陆小曼，将泰戈尔当作亲人一般看待。

三天后，泰戈尔决定启程前往美国。分别时，他还给陆小曼夫妇留下了自己的一张自画像，并幽默自嘲地提笔题咏："山峰盼望他能变成一只小鸟，放下他那沉默的重担。"

不过在入境美国时，泰戈尔受到了美国海关人员的刻意刁难。愤怒之下，泰戈尔又重新返回了中国，再次在徐志摩和陆小曼的家里落脚。

泰戈尔的折返，令陆小曼夫妇欣喜不已。在停留了一两天之后，老人再次和陆小曼夫妇告别。这次分别时，他将自己一件紫红色丝织印度长袍送给徐志摩留作纪念。

陆小曼自然也收到了泰戈尔赠送的礼物，一共是三件小小的工艺品：一只用头发与金丝绞成的手镯，一张精美的包书纸以及一块极具印度风格的头巾。

有趣且令人遗憾的是，泰戈尔赠送的包书纸，制作精美漂亮，质地手感醇厚，如绒布一般，大小和一张床单差不多。没有见过这种包装纸的用人，误以为是一件床单，直接放在水里给清洗了一遍。等到陆小曼察觉后，这件精美的包装纸已经被浸泡得面目全非了，就这样一件极有纪念意义的礼物被损毁了。剩余的两件，陆小曼爱若珍宝般地珍藏着，一直留存至今。

其间徐志摩一直和泰戈尔保持着密切的通信来往，在泰戈尔七十大寿的时候,徐志摩还专程绕道印度,为老人祝寿。当时徐志摩还和老人约定,在诗人八十大寿的时候,他会再次赶来的。谁知这次和这位世界著名大诗人相会,竟是他们最后的永别。不久后徐志摩乘坐的飞机失事,两人再也无法相见。

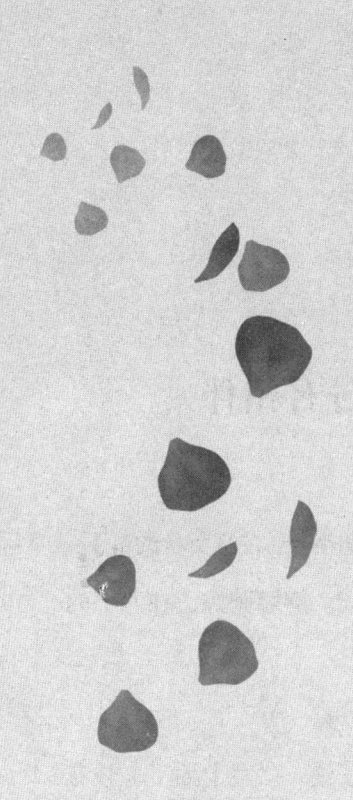

第七章 细说陆小曼：浮华背后的真实

关于陆小曼生平的是是非非、流言蜚语实在是太多了。但很多都是世人的想象，尔后强加到她头上的。对于这位民国时期的传奇女子来说，她有个性张扬的一面，但也能在备受指责时隐忍以对，她相信"事久自然明"的道理，对于众议汹汹的嘲讽和讥笑，她并不辩解。她孤芳自赏，在尘世之中傲然挺立。她敢爱敢恨，勇于表达内心的主张。在她身上，总有说不完的故事。

婉拒好莱坞之邀，只为与君相伴

有才有貌、气质高雅、谈吐非凡的陆小曼，在梁实秋的笔下："她的面目也越发清秀端庄，朱唇皓齿。婀娜聘婷，在北平的大家闺秀里，是数一数二的名姝。"

毫无疑问，陆小曼的美貌，可见一斑。

即使徐志摩自己，也经常赞美妻子说："案上插了一枝花便不寂寞。最宜人是月移花影上纱窗。"在他的眼中，陆小曼就是桌案上那枝娇艳的花儿。

和徐志摩见面之前，她同王赓的第一次婚姻，对她来说是不幸福的。她曾对人诉说："婚后一年多才稍懂人事，明白两性的结合不是可以随便听凭别人安排的，在性情和思想上不能相谋而勉强结合是人世间最痛苦的一件事。"

和徐志摩相遇后，两人仿佛两颗暗夜中的星星，惊喜地重逢，照亮了彼此。徐志摩在写给陆小曼的信中柔情蜜意地说："爱，你永远是我头顶上的一颗明星。"

陆小曼的回信也深情款款："自从见着你，我才像乌云里见了晴天。"

为了追求陆小曼，徐志摩不惜冒着和父母决裂的风险，他在信中勇敢地写着对陆小曼的相思："我来扬子江边买一把莲蓬，手剥一层层的莲衣，看江鸥在眼前飞，忍含着一眼悲泪——我想着你，我想着你，啊小龙！"

两人成婚后，喜爱孩子的徐志摩，多么希望陆小曼能够为他生一个乖巧的儿子或漂亮的女儿。为此他写信给陆小曼，倾诉着对孩子的喜爱之情："叔华长胖了好些，说是个有孩子的母亲，可以相信了。孩子更胖，也好玩，不怕我，我抱她半天。我近来也颇爱孩子。有伶俐相的，我真爱。我们自家不知到哪天有那福气，做爸妈抱孩子的福气。"

言语之中，他对和陆小曼能够有自己孩子的渴望之情，跃然纸上。陆小曼又何尝不想满足徐志摩的这种心愿呢？但当年为了能够尽快和王赓离婚，陆小曼狠心打掉了肚子里的孩子，虽然由此换来了和徐志摩的结合，但也因此失去了一个做母亲的资格，这份痛，陆小曼只能独自承受。

其实陆小曼在和徐志摩纠葛缠绕的恋情之外，鲜为人知的是，她还有机会走上荧屏，不过为了和徐志摩相伴一起，她婉拒了好莱坞的盛情邀约。

在外交部工作的陆小曼，因为工作的性质，经常接见各国来访宾客。久而久之，见过她的外国人，也无不倾慕她的才情和容貌。

陆小曼 传
半生绚烂，半生素衣

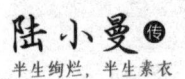

和王赓离婚后，陆小曼返回北平，意外地接到了美国好莱坞电影公司的邀约，对方向陆小曼发出真诚邀请，希望她能前往美国发展。可以猜想凭借出众的气质，风华绝代的容颜，她一定可以在荧屏上打出一片新天地。

当时好莱坞电影公司为了表示诚意，还直接打来了五千美元的巨款。也许在今天看来，五千美元不算什么。但在当时，依照美元换算过后的购买力，不亚于是一笔巨款，寻常人见了之后绝对会心动不已。

陆小曼出身名门，自幼见多识广，因此金钱的多少，对她的诱惑力不大，她所关注的是能否得到更好的发展。

诚心而论，陆小曼对来自美国电影公司的邀请，也不是没有动过心。只是在冷静分析之后，她婉拒了对方的盛情相邀。

她首先想到的是年迈的父母，随着父母年龄的增大，作为家中唯一的孩子，她必须担当起照顾双亲的重任。颇具孝心的陆小曼，将对父母的感情看得很重。

再者，此时的她，正和徐志摩处于热恋之中。两人的感情兜兜转转，经历了无数波折，才迎来了柳暗花明的时刻。其中所经受的艰辛和磨难，陆小曼心知肚明。对于非常重视感情的她，怎么会在这个时候选择和徐志摩分手，一个人跑到异国他乡发展呢？在她眼中，没有什么能够比真正的爱情更重要。金钱不是万能的，至少它买不来真正的爱情和真心的恋人。

正如徐志摩写给她的诗中描述的那样："身边从此有了一

个人——究竟是一件大事情，一个大分别；向车外望望，一群带笑容往上仰的可爱的朋友们的脸盘，回身看看，挨着你坐着的是你一辈子的成绩，归宿。这该你得意，也该你出眼泪——前途是自由吧？为什么不？"从徐志摩笔下的文字可以看出，他们两人都是无比看重感情的人，当时正处热恋期的他们，对婚后的甜蜜生活充满了无限向往。所以，只要有徐志摩在，陆小曼就绝不会考虑去美国发展。

当然还有一个不可忽视的因素是，当时的中国内忧外患，饱受欺凌，作为一个中国人，却去国外拍片，这对具有深厚民族情感的陆小曼来说，也是很难说服自己接受的。

拒绝了好莱坞电影公司的邀请之后，这对经历了无数波折考验的恋人，终于冲破世俗的阻挠，步入了婚姻殿堂。

性情中人，她是绝世而立的空谷幽兰

从恋爱到结婚，跨过的不仅仅是一个隆重的结婚仪式，它意味着相爱的两个人，要从不食人间烟火的恋情中，走入彼此另一个真实的世界；它还需要双方能够接受对方在恋爱期潜意识隐藏的性情，以及双方背后的家庭。

很不幸，陆小曼在步入婚姻的大门之后，徐志摩的父亲徐申如就一直不看好陆小曼。

尽管如此，陆小曼还努力保持应有的涵养和风度，她宁愿躲着公婆，也尽量不和他们爆发直接的矛盾冲突，而是维持着表面上的和睦关系。陆小曼这样做，自然也是不希望她深爱着的男人夹在中间左右为难。后来她和徐志摩一起从浙江老家搬回了上海居住。不在一起生活，自然就没有那么多是是非非了。

脱离了公婆的约束，回到了上海，陆小曼又尽情地穿梭活跃在各个社交场合。这是令徐志摩最为不满的地方。

徐志摩为此多次规劝陆小曼，他写信给她，语气中流露出诸多的无奈："你这无谓的应酬真叫人不耐烦，我想想真有气，成天遭强盗抢,老实说,我每晚睡不着也就为此。眉,你真的得小心些,要知道'防微杜渐'在相当的时候是不可少的。"

从甜蜜的恋人,到因为生活琐事而发生争吵的他们,此时才意识到,婚姻和恋爱之间是不能画上等号的。恋爱的时候,只要努力爱着对方就可以了,而一旦迈过了婚姻的门槛,还要学会相互包容,彼此迁就忍让对方,这样的日子才能长长久久。

虽然外人从他们两个不和睦的表面,多去指责陆小曼不能更多地关心徐志摩。实际上,陆小曼的生命里,徐志摩是在她内心占据着最为重要位置的男人。他们有争吵不假,但相互之间还深深爱着对方,就像是一对儿"小冤家"一样,相爱相杀,难分难离。他们爱的真切,也爱的纯粹。

当如白驹般的时光匆匆流逝,百年烟云之后,世人再回首陆小曼这极具传奇色彩的一生,又有诸多的感慨和认识。有人曾指责她是"红颜祸水",王赓因她仕途受阻,徐志摩因她殒命长空,翁瑞午也因她困顿半生,耗尽家财。但这何尝不是一场注定的宿命呢?

不可否认的是,尽管陆小曼的身上有着诸多的争议,然而她始终是世人所津津乐道的存在,作为民国时期首屈一指的"名媛",她备受争议的一生,就证明了她本就是一名不凡的女子,有着不凡的人生经历,只为内心的爱而活。

陆小曼的一生,简单总结的话,她的前半生甘之若饴,被人宠爱,随心所欲任性而活;她的后半生,却又坎坷曲折,她深爱的男人，也深爱她的男人，早早离她而去，这也令她后半生备受争议与诋毁。

徐志摩去世时，陆小曼才二十九岁，对于一个女子来说，这样的年龄还不是太晚，如果她有心，完全可以找一个更好的嫁掉，继续享受纸醉金迷的生活。

但徐志摩的去世对她的打击实在是太大了。仿佛在短短的一夜之间，她就从迷梦中清醒了过来一样。洗尽铅华，半生素衣，始终没有产生过改嫁的念头。

后来陆小曼的第一任丈夫王赓，想要和她重续前缘，但被她果断拒绝了。宋子安也有意婚娶她，陆小曼依旧没有同意，她的心里只能住下徐志摩一个人。两人婚后虽然有争争吵吵，他们之间的爱却并未受到这种争吵的影响。

纵然是照顾她后半生的翁瑞午，她也始终坚持不肯嫁给对方，还直言不讳地说，她对翁瑞午只有感情，没有爱情。

失去了徐志摩的日子里，陆小曼的内心世界是灰色的，她再也没有梳妆打扮的动力，每日里素面朝天。苏雪林在《徐志摩的散文》一文中曾回忆道："我记得她的脸色，白中泛青，头发也是蓬乱的，一口牙齿，脱落精光，也不另镶一副，牙龈也是黑黑的，可见毒瘾很深。不过病容虽这样憔悴，旧时丰韵，依稀尚在，款接我们，也颇温和有礼。"后半生的陆小曼，就在这样的哀伤中度过。

第八章 落花飘零：陆小曼的后半生

陆小曼的前半生，光彩照人，仿佛一只翩翩起舞的彩蝶，游戏人间，尽情享受着夏的炽热；她的后半生，却甘于平淡自守，在安安静静中品味岁月的静谧与安宁。她努力从事绘画，创作作品，希望活成徐志摩生前所期望的样子。面对世人的非议和指责，她三缄其口，从未主动发声为自己辩解。她用后半生的寂寞清苦，换前半生的俗世繁华，她无言无语，只是用行动来告诉世人爱的真谛。当岁月将浮华吹去，还原另一种真实时，人们从她的身上，看到了真正的陆小曼。

褪去铅华，晚年回归平淡从容

陆小曼为人性情高傲，但命运多舛。虽然后半生坎坷，她却始终坚持内心的追求，无论外界风雨如何，不为所动。她钟情于上海，在战火纷飞的抗战时期，从未离开过半步。

以陆小曼的声名，如果她在抗战时期像一些没有骨气的社会名流那样，向日本人卑躬屈膝，她困顿的生活状况，自然可以得到极大的改善。

但她始终没有做出有违人格、出卖国家利益的言行，也从未在敌伪创办的报刊上发表过任何一篇文章。她的身上，有着中国传统文人宁折不弯的气节和风度，在爱国这一大是大非的立场上，陆小曼清醒地坚守了她的底线，令人敬佩。

新中国成立后，陆小曼受到了党和政府的亲切关怀。1956年，上海美术家协会举办了一次盛大的画展，这也是上海美协在新中国成立之后举办的第一次画展。

画展聚合了上海很多知名画家的作品，陆小曼也将自己的画作送去参展。

画展展出期间，当时担任上海市市长的陈毅，和夫人一起前来观展。陈毅市长有着极高的文化素养，平时也非常热爱书画。当他走到陆小曼的画作前，不由驻足观看良久。

陆小曼自幼打下的深厚绘画基础，以及她独特的人生经历，使得她的绘画呈现出一种独特的意蕴。陈毅市长一边观看，一边询问，当他得知署名的陆小曼，就是当年有着"南唐北陆"美誉的一代名媛，也就是大诗人徐志摩的妻子时，他不由频频点头。

当陈毅向身边的工作人员了解陆小曼的现状，有人告诉他，陆小曼没有工作，生活上也有诸多不便。陈毅感慨万千，他当场对随行人员说："徐志摩是著名的大诗人，他的妻子陆小曼，也是一代才女，我们应当对为我国文化事业做出贡献的文化老人，在适当的时候给予一定的照顾。"

有了陈毅市长的关怀，陆小曼很快便被聘为上海市人民政府参事室参事，还顺利地加入到上海美术家协会中去。有了一个固定的职务，陆小曼每月都能够领取一份工资，她的生活境况也得到了改善。

不久后，上海画院宣布成立，作为上海文化界的知名人士，陆小曼随即被聘请为画院的画师。同时她还担任了上海文史馆馆员的职务，享受知识分子应有的待遇。种种兼职，让陆小曼

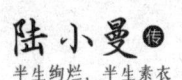

的生活逐步安定了下来。

陆小曼的同乡恽茹辛在《民国书画家汇传》一书中,不仅将陆小曼列入其中,更给了她极高的评价:"因天分甚高,故进境颇速,所作山水,秀逸如其人。唯不多作,得者益珍之。"

综合而言,陆小曼的画作风格多变。在前期的画作中,她的画风充满了灵动的气息,如《鱼之乐》这幅画,数条活泼可爱的锦鲤栩栩如生,跃然纸上;且颜色各异,游水嬉戏,令人为之耳目一新。

还有一幅《江南春色图》,画中的景色取自徐志摩的故乡。画面中的烟雨江南,意境深远,给人一种清灵悦目的感受。

到了后期,陆小曼的画风更多地呈现出了一种高雅素淡的风格。正如赵清阁所评价的那样:"清逸雅致,诗意盎然,自然洒脱,韵味无穷,洋溢着书卷气,是文人的风格。"

其实陆小曼的一生,何尝不是一幅含义隽永的画卷呢?不甘平庸的她,在其画作中总能给人一种清辉浓郁的感受。

1959年,勤奋创作、潜心绘画的陆小曼,被光荣地评为全国"三八红旗手"。

令人欣喜的是,绘画让陆小曼仿佛获得了另一种新生,在绘画中找到了精神寄托的她,心情舒畅,精神状态非常好。慢慢地,原先身体羸弱、一副病态模样的她,渐渐变得面色红润起来。

1957年，韩湘眉回国探亲，她抽出时间去看望陆小曼。两人相见之后，韩湘眉又是吃惊又是惊喜，以前她印象中弱不禁风的陆小曼不见了，现在站在她面前的陆小曼，精神矍铄，笑容祥和，身体还发福了不少。

韩湘眉打趣地说："这么久没有见到你，想不到你的变化这么大，我都快要认不出来了。"

在韩湘眉的认知中，晚年的陆小曼，没有工作，失去了生活来源，一定会非常艰难地度日。令她想不到的是，兼任了一些社会职务的陆小曼，生活上自然没有太大忧虑。

原本还想着给陆小曼一定资助的她，在被性格要强的陆小曼婉拒后，也就没有太过坚持，她知道自己的担心是多余的，也为晚年的陆小曼能够有稳定的生活保障和充实的精神状态而感到高兴。

1964年的秋天，成都计划修建杜甫草堂纪念馆。修建方素闻陆小曼的大名，因此多次向她发来邀约，希望陆小曼能够为杜甫草堂纪念馆创作四张富含诗意的山水条幅，以增添杜甫草堂的文化氛围。

当时的陆小曼，已然疾病缠身，时日无多。然而她依旧以巨大的热忱，努力完成了四张山水条幅的创作。她的这一画作，最终在"杜甫生平展览会"上展出，受到世人一致好评。

这一年，恰逢中华人民共和国成立十五周年。为了表达对

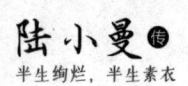

党和人民的感激之情，陆小曼强撑着身体，从春天开始就动笔用毛笔正楷抄录《矛盾论》全书。只是到了夏天的时候，随着病情的加重，陆小曼慢慢地连笔管都握不住了，最后直到她去世，也未能完成自己的这一心愿，令人倍感遗憾。

对来自国家方面的关心，陆小曼一直非常感激。她和朋友们聊天的时候，总是将感谢挂在嘴边。当她病情严重，朋友前来探望时，陆小曼依旧用虚弱的声音说："感谢党和国家的帮助，才让风烛残年的我有了稳定的生活。"

晚年的陆小曼，努力和疾病抗争，戒掉了鸦片，还全身心地投入到绘画创作中去。昔日徐志摩生前时希望她能改变自己的遗愿最终实现。在陆小曼的晚年，她实现了脱胎换骨般的蜕变，收获了精神上的宁静和富足。

红颜易老，春华远逝！步入垂暮之年的陆小曼，活出了另一种风韵，她的人生乐章也因此完美落幕。

花开惊艳，花落无言

陆小曼的爱情，好似盛开的琼花一般，艳丽万千，却又不失端庄雅致，芳香四溢令人回味无穷，尤其是随着岁月的积淀，更如醇酒般馥香四射。

她和徐志摩的爱情，成为延续至今的谈资。徐志摩的去世，将她推到了风口浪尖。她的爱情之花，仿佛为徐志摩而开放，徐志摩走后，也迅速枯萎凋零，静守含蓄内敛之美。从此之后，陆小曼彻底和过去灯红酒绿的夜生活告别了，她几乎不再参加任何的社交活动，一个人素衣半生，在家中专心整理着徐志摩的遗作。

徐志摩离世之后，众人对她的指责和谩骂，充斥在她的周围，似乎要将其彻底淹没在流言之中。换作一般人，或许早已不堪重压。但陆小曼闭门谢客，对此不闻不问，对于外人的各种误解，她从未出一声，发一言。

她在自己的住所里，安然而居，遵从内心而活。从徐志摩去世后，她再也没有穿过一件红色的衣服，她以这样的方式，

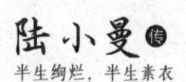

来寄托对亡夫徐志摩的哀思。

晚年的陆小曼，疾病缠身，很多时候，陆小曼在无情病魔的折磨下，常常夜不能寐。在漫漫长夜中，她回首过往，所有的繁华，都已成为昨日烟花，如今留存在她内心深处最重要的影子，是已经和她阴阳相隔的诗人徐志摩。

她和徐志摩的相见，是她的人生亮色，徐志摩也是她最为期许的爱情伴侣，她曾多少次暗中祈祷，愿意成为他心目中的唯一。两人携手，相伴游长城，逛天桥，去来今雨轩喝茶，登西山看红叶，两颗相爱的心，在尘世相依相偎，上演旷世绝恋。

只是斯人已逝！如今的她，病入膏肓，或许她的志摩，就在不远处等着她，还像人世间一样，牵手相伴。如果那样，她愿意他们之间再无争吵，也再无生活的负累，做一对真正的神仙伴侣。

病体沉重的陆小曼，终于支撑不下去了。她的一生，漫长而又短暂，辉煌而又寂寞。她爱着志摩，又却在很多时候伤了志摩，在这是是非非的矛盾之中，她即将走入生命的尽头。

1964年10月，因为慢性肺气肿以及哮喘，难以继续独自硬撑下去的陆小曼，只好住进医院。在此之前，相伴她三十年之久的翁瑞午，也先她一步离去。此时的陆小曼，真的是清清冷冷的一个人了。

住院的日子里，因为哮喘的折磨，她每天都不停地在咳嗽着。伴随饮食的削减,她的人越发消瘦。每当有朋友过来探望时,陆小曼总是强打精神,面带笑容地对来人说:"昨天夜里,我又梦到徐志摩了,看样子,我很快就要和徐志摩在另一个地方重逢了。"

朋友从她脸上的神情看出,她在说这些话语时,眼神里闪烁着奇异的光芒,充满了神圣般的期待。这浅浅的笑容中,仿佛是一位妙龄少女,准备和心爱的他悄悄约会呢!所以才有这万千的期许。

虽然住进了医院,但陆小曼的身体状况一日不胜一日。1965年年初,在病魔的侵袭下,她的病情愈发严重了。尽管周围的人都对她"严守秘密",不肯告诉她真实的病情发展情况。然而自己的身体自己知道,陆小曼早已心如明镜,上天留给她的日子不多了。她倒无惧生死,这一生,她本就看淡了许多,更明白了生与死的意义。只是让她难以放下的,依然是徐志摩文集的出版问题。

陆小曼的好友赵清阁,担心陆小曼一个人待在医院里心情不好,不利于病情的控制,因此只要有时间,她就常常来到医院里陪着陆小曼。每次赵清阁前来医院探望的时候,陆小曼就会"旧事重提",拜托她居中周旋,早日将徐志摩的文集出版面世。

赵清阁理解陆小曼的心情,她也总是好言安慰,告诉她不用过分担心,徐志摩是中国近现代著名的大诗人,他的文学作品,始终会是新中国文学宝库中一个重要的组成部分,占据着一定

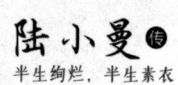

的地位。出版事宜迟早会得到妥善解决的。

赵清阁非常会安慰人,她的话语让陆小曼宽心了许多。尽管内心还有一丝担忧,不过出于对赵清阁的信任,她终究还是选择相信了她,期待在不久的将来,能够完成她的心愿,让徐志摩的文集早日得到出版。

不过这一切,陆小曼都将看不到了。1965年4月3日,清明节前,一个清冷的日子,曾有着绝代芳华的才女、一代名媛陆小曼,在上海华东医院停止了呼吸,享年62岁。

如果将陆小曼比作一株遗留在尘世间的琼花,那么在这一天,这朵业已凋零的琼花,终于片片飞散,落入茫茫大地之中。花开时惊艳四方,花落时寂寂无声。她终于走了,无声无息地走了,仿佛这个世界从来未有过一个陆小曼一样,只是,她和徐志摩的爱情,她波折起伏的人生传奇,却历久弥新。

好友前来祭奠陆小曼时,有一副挽联或许最能代表众人的心声:"推心唯赤诚,人世常留遗惠在;出笔多高致,一生半累烟云中!"这副挽联的写作者,是陆小曼生前的另一位好友王亦令。

陆小曼和王亦令的相识过程,也有一段动人的故事。晚年的陆小曼,生活困顿,尤其是长期病痛的折磨,医药费用的开支,对她而言是一笔巨大的支出,如果不是这样,她的日常生活还是完全有保障的。为了能够通过自己的双手赚一点费用,减轻负担,期间陆小曼曾来到某出版社,谋到了一份兼职英文翻译的工作。

作为名动上海滩的社交名媛，陆小曼能够说一口流利的英文和法语，因此她兼职做翻译自然不成问题。不过横在她面前最大的难题是，身体虚弱的她，很难长时间静坐。而翻译这份工作，和文字打交道，最考验人的脑力和静力，坐不下去，又如何能够搞好翻译工作呢？

焦急的陆小曼为此愁容不展。幸运的是，她遇到了王亦令。王亦令是文学后辈，年纪轻，精力好，他主动提出帮助陆小曼。

一个原因是王亦令确实看到陆小曼的身体顶不住繁重的翻译工作。出于体恤和同情，他才申请协助陆小曼工作，以减轻她的负担。

另外一个因素是，王亦令是一个有心人，通过帮助陆小曼，在她身边工作学习，自然也可以提升自己的翻译水平。就这样，陆小曼口译，王亦令代笔，两人之间达成了一种天衣无缝的默契，而且慢慢结下了深厚的友谊。

对于当年在陆小曼身边学习工作的情况，王亦令多年以后在他发表的回忆文章中这样写道："她当时虽已进了文史馆和中国画院，每月有津贴，但因医药费用支出很大，像'柯待因'之类都需自掏腰包，再加上她素来手面很大，所以经常捉襟见肘，急需另辟财源，唯一可能就是译书，凭她的名气，出版社是肯签订约稿合同并且预付部分稿费的，但无论如何你总要交出东西来才行呀！出版社总不能白送你钱。而她一则已数十年不碰

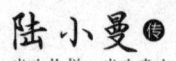

英文,二则体力到了坐都坐不动的程度,如何伏案翻译?恰巧这时我还乳臭未干、初出茅庐,有力量动笔,但无名小卒拿不到约稿合同,于是两厢情愿合作起来。由她出面向出版社认取选题,由我执笔。"

王亦令的回忆,真实还原了当时陆小曼的生活处境。年事已高且身体羸弱的她,很难独自一人完成文字工作的,即使有心也无力支撑。有了王亦令的帮助,陆小曼显然轻松了不少,文稿的进度也加快了很多,这对于急需花费的陆小曼来说,确实缓解了燃眉之急。

在王亦令的协助下,陆小曼完成了《艾格妮丝·格雷》《西门豹治河》等文章的翻译和写作工作,在文坛留下了一段佳话。

当两人逐渐熟识,并结下了深厚的友谊之后,陆小曼的心目中,已经将王亦令当作为自己的弟子了。每当王亦令犯下小错误的时候,她就会语重心长地教导他。当然,有时候也会严词相向,目的自然都是为了王亦令好。

那时已经结了婚的王亦令,有时会因生活的问题和妻子发生争吵,事情如果被陆小曼得知了,她就会让王亦令找来妻子,对他们好言相劝,让各自冷静下来,不要让争吵伤了彼此的感情。

王亦令对此曾回忆道:"都说'清官难断家务事',我看陆小曼就比清官还管用。我和妻子琴争吵之后,陆小曼总是能善于引导,将我两人的关系变好。其中,她也并不是一味地指责我，而是讲清道理，谁也不袒护。"

从王亦令的这段话语中不难看出，陆小曼是将他当作自己的亲人看待的。这份情感，甚至超越了师徒之情，或者说，是师徒之情的延续。一生没有孩子的陆小曼，在晚年的时候能够得遇王亦令，她就将其当作自己的孩子一般看待。这份真诚的亲情、友情，常令王亦令感动。

或许这就是陆小曼让无数人铭记的原因吧！她率性而为，自由任性，不愿受任何的束缚，对待身边的友人，她出手大方，实诚相待，没有半点的虚假。

徐志摩去世后，陆小曼一直活在自责和懊悔之中，她常常自言自语地说："唉，志摩要是不坐那架小飞机就好了。"在说这些话语的时候，她脸上的神情是落寞和伤感的，只是她万万也想不到，徐志摩有一天会先她离去，留下她一个人在尘世中饱受相思的煎熬。

在陆小曼生命的最后，是赵清阁陪着她度过的。当陆小曼去世后，赵清阁拿来了一件崭新的丝绸衣服，换下了陆小曼身上的粗布麻衣，让她得以体体面面走完了这一生。

1988年的春天，陆小曼的堂侄、堂侄女们，在苏州东山华侨公墓中，为她建造了一座衣冠冢。

这座衣冠冢前面，树立着一块石碑，石碑的上面，张贴有一张陆小曼年轻时候的照片，那时的她，满脸洋溢着青春活力的笑容，似乎在无声地诉说着她生前的种种繁华过往。无论如何，

陆小曼 传
半生绚烂，半生素衣

在陆小曼去世二十三年后，她的人生终于画上了一个相对完美的句号。

即使用今天的眼光，回头去审视陆小曼，无论眼光再挑剔，人们也不得不承认，无论在任何时候，在任何年代，陆小曼总能成为耀眼的存在，陆小曼就是陆小曼，无人可以复制。